2017 운문시대 Vol.13

울산 시조의 최전선

2017 운문시대 Vol.13

울산 시조의 최전선

동학사

《운문시대》를 내면서

1

울산 유일의 시조동인 운문시대가 《울산 시조의 최전선》을 펴낸다. 얼마나 근사(?)한 제목인가. 도발적이면서, 긴장감마저 준다. 동인의 결성 이유와 지향점과 동인들의 자존감을 나름 함축하고 있다. 우리는, 이 제목이, 마음에, 든다.

2005년, 동인지 《운문시대》가 창간되었다. 여덟 명의 시인이 참여하였다. 각각 10편씩 모두 80편의 신작 시조를 매년 《운문시대》에 발표했다. 대한민국 최정상 시조시인들의 도움을 받아 작품해설도 실었다. 그렇게 펴낸 동인지가 올해로 13집이다. 그동안 동인들은 '시조時調'의 때 '시時'자와 '시조時調'의 현재성, 유동성, 언어의 확장성에 주목해 왔다.

애초에 시(특히 시조)는 노래였고 '귀로 읽는 문학'의 절창이라는 사실 앞에서 오감으로 감응하기도 했다. 아울러 "현대시를 뛰어넘어 노래의 근원에 이르는 절체절명의 순간까지 가보고 싶다"는 열망 덩어리로 살아왔다. 덕분에 우리는, 시조 쓰기를 포기할 수 없었고, 덕분에 '존재하는 시인'으로 이 땅에 아직, 이렇게, 애틋하게, 살아 있다.

2

《울산 시조의 최전선》에는 여섯 동인 — 신춘희, 손상철, 김종렬, 김병환, 박미자, 김종연 — 의 시조 90편이 실려 있다. 1부에는 신작시조 30편(각 5편)과 이승은 시조시인의 해설을, 2부에는 운문시대 12집까지에서 선별한 자선시조 60편(각 10편)과 황치복 문학평론가의 해설을 실었다. 작품은 동인 이름의 가나다순이 아닌 등단순으로 배치하였다. 기획과정에서 창간 당시 동인들의 작품까지를 모두 포함시킬 것인가를 논의했으나 그렇게 하지 못했다.

3

운문시대가 오늘까지 오는데 적지 않은 분들의 격려와 도움이 있었다. 《운문시대》 창간부터 지금까지 한결같은 마음을 주신 유재영 선생님께 감사드린다. 작품해설을 써주신 박시교, 이지엽, 정수자, 이정환, 권갑하, 홍성란, 오승철, 정해송, 이우걸, 박권숙 시인께 감사드린다. 울산광역시와 춘포문화장학재단에도 감사드린다.

시조의 생활화, 시조의 울산화, 시조의 전국화, 시조의 세계화, 시조의 우주화를 위해 쉬지 않고 정진할 것을 약속드린다.

2017년 6월 15일

〈운문시대〉 동인

차 례

1 신춘희

2 손상철

3 김종렬

4 김병환

5
박미자

신작시조

자선시조

6
김종연

신작시조

자선시조

1

신춘희

운문시대_13
신작시조

쉬이!

귀갓길, 그 소리, 어둠 속에서 들었다
오금이 저려오듯 시원한 물소리
쉬흔이 지날 즈음에 헤어졌던 그 소리

전봇대 옆 그림자 슬며시 비켜간다
절정에서 내리꽂히는 직립의 폭포여
한때는 나도 저 야생의 주인인 적 있었지

술도 끊고, 담배도 끊고, 이것저것 다 끊고
아내와 각방 쓰고, 식탁에서나 만나는 삶
호기도 객기도 없어
재미없다
내 인생!

경주역

경주역에 내리니 때마침 비가 온다
십 년 전 그날도 하염없이 내리던 비
그립다,
너무 그립다
그 여자
그 음성

그녀는 떠나고 그리움만 남은 도시
빗소리, 천마총으로 조바심을 데려간다
머잖아 망각이 와서
지워 버릴
시간들

그때는 몰랐었다. 중년의 사랑이라는 것을
결국은 되돌아와 기차에 오를 인생
그래도 두근거림이 있어
아직은
행복하다

사이

삶과 죽음의 길, 멀리에 있지 않다
꽃 피고 지는 사이,
새 울다 멎는 사이,

아이가
할배 손잡고
사이를 건너고 있다

아득타, 아지랑이
초록도 나른한 봄날

사이, 저 너머에
고봉 같은 봉분 있다.

가만히 물소리 끝에다
배를 대는
산그늘

시인詩人

시보다
밥이다
밥이, 소중하다

살아보니 알겠다
시보다 밥이다

아! 밥은 영원한 주식
시는, 영원한 부식

부처도 밥 먹고 살고,
예수도 밥 먹고 살고,

세상을 살려면
시보다 밥이다

명백한 진리 앞에서
나는, 지금

시를 쓴다

손을, 읽다

그가,
잡은 손,
황급히 거두어 갔다
가죽 뒤집어쓴 뼈들의 스산한 집
초겨울, 저녁답 같아
마음이 울컥했다

그 손,
초조한지
담배 피워 물었다
바람에 휘어지는, 곡진한 하얀 한숨
건널목, 붉은 신호등
가파르게 추락하고

서둘러 길 건너는 고향의 불알친구
온기 없는 손에다 '신사임당' 쥐여주고
하나도 묻지 않았다
전화도,
집도,
가족도,

2

손상철

운문시대_13
신작시조

원행을묘정리의궤*

— 수원 화성

마음이 시작한 일이 마지막 술잔 올린다
긴 밤을 말을 달려 별을 쌓아올리듯
무시로 잠들었던 한限이 피멍이 든 시간들
한이란 악다구니로 화살 끝에 메길 수 없듯
매 순간 이 모든 것을 백성을 바라보듯
상처가 디딤돌이 되고 문 하나를 세우듯
제 한을 어린 백성에게 어찌 줄 수 있습니까?
하늘 아래 두려운 것은 백성이란 그 말씀을
어머니, 이 술잔을 들어 뼛속 깊이 새깁니다

---

* 원행을묘정리의궤 : 정조 19년 화성에서 어머니의 회갑연을 기록한 의궤.

여자의 방

한낮에도 젖은 눈물이 걸리는 정자 다방

옥탑방 이 양이 빨래를 하고 있다 그녀는 새벽에 돌아와 지난밤 바다를 빨고 있다 술 취한 사내들 속 바다가 빨래가 되고 몸으로 먹고사는 바다가 빨래가 된다 지난밤 울음에 절은 시간들이 널리고 울다 성이 안 차면 바다가 스스로 빨래가 된다 먹고 죽지 않을 만큼 표백제를 마시고 희디 흰 빨래가 되고 싶어 봄 햇살을 빨고 있다

새물내 울컥 터져버린 푸른 바다가 걸린다

물고기

그녀의 목덜미에는 늘 지친 바다가 산다
어느새 비늘조차 뭉그러진 갈비뼈가 희다
공판장 뒷골목 아래 묶여 사는 물고기

장대비 오는 날은 어김없이 결리는 바다
한 그릇 가락국수에 지난밤을 곱씹으며
창가에 검은 머리 기댄 새우잠 자는 물고기

짧은 치마 속으로 어둠이 밀려온다
거울 속 나 아닌 나를 주문하는 밤의 바다
밤마다 붉은 입술을 꽉 깨무는 물고기

바다, 그 정의

바다로 간 할아버지를 할머니가
잊을 때쯤
어머니가 아버지를 부르다
부르다 잊고

아내는 나에게 아직
그 바다를
묻지 않는다

뒷골목 주식회사.com

1

이 씨氏 구두 수선집이 며칠째 문이 닫혔다 빌린 그의 구두가 밤새 축축하더니 퇴근길, 그의 부고에 삼칠일을 울었다

2

골목 끝 순댓국집 간판이 빚에 넘어갔다 넋을 잃은 여자가 순대처럼 퍼져 울었다 여자가 치워진 자리 배달된 자살 기사

3

김종렬

운문시대_13
신 작 시 조

우울한 아침

정보지엔 정보가 없다, 줄줄이 가쁜 호흡
간밤의 토사물이 역모를 꾀했는지
밑줄 친 구직란 행간, 불어터진 면발 같다

오늘도 아침을 연 건 낡은 손수레였다
굳어버린 김밥처럼 퍽퍽한 삶을 싣고,
그림자 부수며 오는 억척의 수레바퀴였다

잠시 술렁대던 통근버스가 빠져나가고
인력시장 배경으로 늘어선 해장국집
혼자서 술 마시는 사람 역병처럼 번진다

유월 한낮

찔레꽃 몸져누운 유월의 끄트머리
불현듯 서러워서 안부전화 올리는데
자식도 못 알아보고 누구냐고 되묻는다

어두운 총기쯤이야 낡은 세월 탓이려니
눈멀고 귀도 멀고 앉도 서도 못하시네
때 이른 장마 소식에 가슴 철렁 내려앉다

너무 오래 누워 등뼈에 금이 갔단다
거죽만 겨우 남아 새털처럼 가벼운 몸
메꽃도 애가 타는지 눈시울이 자못 붉다

별바라기

일상 잠시 접어두고 달려간 주전바다
언뜻언뜻 구름 사이 별 몇 개 반짝인다
별보기 얼마만인가 땅만 짚고 사느라

이어폰에 저당 잡힌 딸애를 채근한다
얘야, 반짝이는 저 별 좀 보거라
아버지, 아마 저것은 인공위성일거야

그래, 네 말대로 인공위성 그거라 치자
하지만 나는 그저 별이고 싶구나
유년의 멍석 위로 빛나던 그 별이고 싶구나

근황

나의 첫울음과 탯줄이 묻힌 이곳

반세기 휘휘 돌아 문풍지처럼 붙어사네

앞뒷산 아름 소나무 신앙처럼 받들며

주소록

주소록 정리 중에 드문드문 저승의 몸

한참을 생각하다 그냥 두기로 한다

가끔씩 들여다보며 안부라도 묻고자

4

김병환

운문시대_13
신 작 시 조

_ 31번국도

_ 메꽃의 기억

_ 명선도

_ 생강꽃, 그늘

_ 굴뚝새의 저녁

31번국도

찰랑대는 바다 놀에 짤막한 멘토 달고
31번 해파랑길 한걸음에 달려가자
힘 실린 가속 페달에 추월선도 넘나들며

바다는 바래었고 수평선은 너무 멀다
해일처럼 일고지는 포구도 기웃대면
달려온 쇠갈매기가 노을 한 자락 헹궈낸다

메꽃의 기억

눈빛만 얻어두고
촉촉이 젖은 분홍

진초록 줄기 끝에
목숨처럼 매달린다

찢겨진
하얀 파도에
쓸리어간 기억들

찰랑이는 바다놀이
그리워 피는 메꽃

가만히 별빛으로
모래성을 쌓고 있다

갯메꽃
지우고 가는
저 무지개 끝자락

명선도

갈맷빛 푸른 기침 꿈길에 밸고 와서
전설을 읽어주는 조가비 하얀 바다
밤이면 집어등 불빛 실루엣 연출한다

모래톱 속삭임이 반짝반짝 빛날 때
갈매기 간자체로 대본을 써 날리고
포구는 심심했던지 어족 이름 외운다

은물결 일렁이는 그리운 섬 되어보면
잠겼다 다시 뜨는 안부 같은 손 흔들림
수평선 느린 화면에 붉은 페인트 뿌린다

생강꽃, 그늘

반짝이는 눈매에서
그리움을 읽습니다

절명시 한 줄 쓰듯
가슴 앓는 산자락

오늘이
내일인 것처럼
가깝고도 멉니다

먹빛으로 다가와서
그대만 바라다가

봄바람 생채기에
놀란 가슴 쓸어내며

휘어진
꽃그늘 속으로
가만히 손 내밉니다

굴뚝새의 저녁

간추린 여백에다 횡으로 밑줄 긋고
굴뚝새 날아가는 설익은 연기 속엔
뒤란이 어수선하다 댓바람도 섞으며

어제와 오늘의 굴레를 벗어던진
부연으로 갈앉은 안부가 궁금하다
휘어진 빈 골목길이 달빛을 밟고 있는

5

박미자

운문시대_13
신작시조

- _ 혼밥
- _ 딱풀
- _ 아차, 그만
- _ 산동네 스케치
- _ 가을 동행

혼밥*

전단지 돌리다가 늦은 저녁 해결한다
칸막이벽 바라보며 허겁지겁 먹는 밥
기억의 한 모퉁이를 잠식하고 있었다

대청마루 둘러앉아 건짐국수 먹던 날
돌담에 앉은 호박 노을빛에 익어갔지
이웃집 할머니 함께 국숫발을 건지던

도회지의 내 삶은 일회용 컵이었다
쓰다가 버려지는 허상을 마주하며
금이 간 거울 앞에서 똑딱단추 채우는

* 혼밥 : 혼자서 밥을 먹는 것을 일컫는 신조어.

딱풀

좀 모자라더라도
따악 붙어 있어다오

나달나달 닳아져도
떨어지지 말아다오

한 번의
실수라 해도
제자리에 있어다오

아차, 그만

서둘러 외출하다
립스틱 두고 온 날

한 꺼풀 벗겨 내자
가식이 사라졌다

오히려
들뜨지 않는
군중 속의 이 고요

산동네 스케치

창창히 잘 나갈 땐 번화가 누비다가
기우뚱 몸을 끌고 산 아래로 찾아든다
벼랑 끝 내몰린 뒤에 비로소야 깨닫는

산사태 일어난 골 봄날이 찾아왔네
흐드러진 벚꽃은 자취를 감추어도
시멘트 흙더미 위로 비집고 나온 민들레

모퉁이로 밀려난 뒤 질척이던 생각들은
아이 웃음 웅시하며 툭툭 털고 일어나
새벽을 내딛는 걸음 무겁지만 힘차다

가을 동행

은행잎 달고 간다 앞서가던 차량이

붙었다 떨어졌다 아쉬워 다시 붙고

탈진해 나뒹굴어도 잡은 손이 좋은 거니

6

김종연

운문시대_13
신작시조

풋,

두 주먹 불끈 쥔다 알곡이 되겠노라

"명문대 못 나오고 스펙도 부족하네요."

이력서 내밀 때마다 쭉정이가 되어 간다

광개토대왕릉비를 생각하며

답답하고 숨 막힌다 유리관을 벗겨다오
대왕의 혼잣말이 유리벽에 부딪혀
찬란한 고구려 역사 지워지고 있었다

의뭉스런 공안 눈길에 발걸음 풀이 죽고
자랑도 자부심도 뒤춤에 감춰야 했던
그날의 일기장에는 글자들도 함께 운다

낯선 말 버석거리는 저들의 문안 받으며
대왕은 편안하실까 손끝까지 저려 와
모형의 비를 붙들고 온기를 더해본다

트라우마

아닌 척
모르는 척
괜찮은 척
무심한 척
촉수를
닫아보지만
온몸은 자동반응

오래전 어느 날의 기억만 먹고사는 회색 신사

분수처럼 치솟고
폭포처럼 내리꽂히고
심장과 호흡은 엇박자로 뛰놀고

그 순간,
내 안에 산다
천적 만난
동물 한 마리

그리피스 천문대

무한정 뿌려놓고
마음껏 담아 가라니

손닿지 않지만 너는 내게 별이다

일일이
답신을 적느라
오늘밤
잠 못 들겠다

땅찔레꽃의 노래

손안엔 지도가 없고 하늘은 멀었다

고대했던 대답은 침묵으로 당도하고

온종일 돌밭을 헤맨 발 오늘도 노숙이다

수직의 꿈 꺾인 자리 새벽빛 와 앉으면

너에게 당도하는 길 어렴풋이 알 것 같아

온 들녘 향기를 풀며 너덜경을 건너간다

해설

운 문 시 대 _ 1 3
신 작 시 조

_ 운문시대, 인습의 그늘에서
새로움의 질서로

운문시대, 인습의 그늘에서 새로움의 질서로

이승은(시조시인)

1. 프롤로그

문학사를 가리켜 전 시대의 문학에 대한 변증법적 부정이라는 견해가 있다. 가령 모더니즘이 전통적 감수성을 부정하고 도시적 사고방식을 취하면서도 문명을 비판, 전위적 기법으로 자기 정체성을 확립하려 한 것이 그 한 예이다. 즉 새로운 시대란 단순히 기술과 물질의 새로움만이 아닌, 이전 시대의 풍조를 정신적인 면에서 비판하면서 그 대척점에서 자신의 존재 논리를 찾아가는 것이다.

현대 시조의 경우에도 이 같은 논리의 연장선상에서 그 '존재 의의'를 찾을 수 있다. 즉 전통적인 것들을 재해석해 내고 소재의 범주에 들지 않았던 것들을 과감하게 채택한다든지, 소재에 대한 농익은 관념과 서정적 접근에 그치지 않고 명징한 이미지를 살려 그것이 함축하고 있는 의미를 확장해 나가는 등의 자세가 그렇다.

참신한 시인이란 선배 시인들의 침윤해 있던 세계에서 과감하게 탈피, 비시적인 것에서 시의 빛나는 광맥을 발견하는 사람이다. 언어를 사전의 틀에 가두거나, 인습의 그늘에 매임 없이 시대에 맞게 갈고닦아 참신한 위계를 열어가야 한다는 생각이다.

이 같은 시점으로 여섯 분 시인들이 '시조밭'에 뿌린 씨앗의 발아를 지켜보고자 한다.

2. 신춘희_ 고졸古拙하게 건너오는 시의 보법

귀갓길, 그 소리, 어둠 속에서 들었다
오금이 저려오듯 시원한 물소리
쉬흔이 지날 즈음에 헤어졌던 그 소리

전봇대 옆 그림자 슬며시 비켜간다
절정에서 내리꽂히는 직립의 폭포여
한때는 나도 저 야생의 주인인적 있었지

술도 끊고, 담배도 끊고, 이것저것 다 끊고
아내와 각방 쓰고, 식탁에서나 만나는 삶
호기도 객기도 없어

재미없다

내 인생!

— 신춘희, 「쉬이!」 전문

우선 기존의 시조들이 다루지 않고 있는 소재를 영역으로 끌어들인 품을 눈여겨본다. 첫 수에서 '오금이 저려오듯 시원한 물소리'라고 말함으로써 일상사에 억눌렸던 마음을 배경에 두면서, 그로부터 벗어나고픈 의지를 담아내고 있다. 지천명을 넘긴 화자는 '술도 끊고, 담배도 끊고, 이것저것 다 끊'었다는 언술을 통해, 지극히 사소한 일상을 이루는 그것들이야말로 삶의 원동력이라는 인식을 드러낸다. 우리네 눈높이에서 벗어난 큰 것들을 누리기보다, 그처럼 소소한 것들과 함께 하는 일이 소중하다고 말하고 있다.

그 같은 인식은 이 시인이 사용하는 언어들을 이항대립어로 구분해 보면 더욱 확연히 드러난다. '어둠', '오금(저림)', '각방(쓰기)' 등의 시어가 한 묶음이라면, 그 대척점에는 '시원함', '절정', '폭포', '호기' 등의 시어가 놓일 수 있다. 오십 줄을 건너고 나니, 뒤에 든 것들을 누리기보다 앞의 소심한 인간으로 전락해 있는 자신을 투시하면서도 젊은 시절의 활기와 의욕을 되찾고 싶은 욕망이 드러나 있다.

누구나 '직립의 폭포'를 건너게 되는 법, 지금의 헐렁함 속에 꽉 차는 것이 또 있지 않은가. 재미없는 나이가 드리우는 깊이는 감히 따라올 수 없다는 생각이 든다.

비시적인 데서 소재를 견인하여 일상의 화법을 사용하고 있는 점에 호감이 간다. 다만 한 가지, 첫 수의 종장 첫 구를 '쉬흔이'로 하여 세 음절을 이루기는 했지만, 엄연히 '쉰'이라는 표준어가 있음을 고려할 때 '지천명 지날 즈음에'로 앉힌다면 좋겠다는 아쉬움이 남는다.

삶과 죽음의 길, 멀리에 있지 않다
꽃 피고 지는 사이,
새 울다 멎는 사이,

아이가
할배 손잡고
사이를 건너고 있다

아득타, 아지랑이
초록도 나른한 봄날

사이, 저 너머에
고봉 같은 봉분 있다.

가만히 물소리 끝에다
배를 대는
산그늘

— 신춘희, 「사이」 전문

여기 삶과 죽음의 무거운 경계를 ‘사이’라고 놓음으로써 동양적 철학관을 견인해낸 작품이다. 서양에서 바라보는 시간이 직선이라면 동양의 관점은 원을 이루고 있어 처음과 나중이 하나로 맞물려있는 셈이다. 화자는 ‘꽃 피고 지는 사이, / 새 울다 멎는 사이’라는 알레고리를 통하여 시작과 끝은 함께 자리해 있는 것이며, 전생轉生의 원리를 통하여 죽음은 삶의 원천이라는 자연 법칙을 이끌어낸다. 이 같은 사유는 ‘아이가 / 할배 손 잡고 / 사이를 건너’는 병치竝置로 확장되어 조손祖孫 사이에 승계되는 아름다운 개화임을 환기한다. 그것을 ‘고봉 같은 봉분’이라는 이미지의 연속적 제시를 통해, 죽음이 새로운 생명의 탄생으로 연결된다는 내적 논리를 구성하고 있다.

둘째 수 종장 ‘물소리 끝에다 / 배를 대는 / 산그늘’에서 ‘배’라는 상징어를 통하여 그 같은 희생과 탄생을 통하여 삶은 이어진다는 의미를 내포한다. 명징한 이미지와 함축적인 시어를 통하여 시의 공간을 활짝 넓힌 사유가 돋보인다.

떠나간 여자와 빗소리의 대명사. 사랑은 언제나 처음처럼 오고 그래서 모든 사랑은 첫사랑임을 깨닫게 되는 「경주역」, 시보다 밥이라고 시종일관 강조하다가 그 명백한 진리 앞에서도 담대히 시를 쓴다는 「시인詩人」에서는 우리 모두 목숨을 거는 물질(밥)을 과감히 물리치는 장쾌한 뒷모습을 보여준다. 초췌한 그림자가 깃든 고향친구에게 지폐 한 장 쥐여주고 서둘러 돌아서 버린 날의 소슬한 정서가 깔린 「손을, 읽다」를 읽으며

전에 읽었던 그의 시작노트를 옮겨본다.

"인간을 보는 가장 탁월한 시선은 감성을 발휘할 수 있는 시다. 그동안 나는 내가 경험했거나 겪고 있는 일상사를 운문적 언어로 육화해 왔다"

3. 손상철_ 시어의 다의성을 통한 일탈의지

한낮에도 젖은 눈물이 걸리는 정자 다방

옥탑방 이 양이 빨래를 하고 있다 그녀는 새벽에 돌아와 지난밤 바다를 빨고 있다 술 취한 사내들 속 바다가 빨래가 되고 몸으로 먹고사는 바다가 빨래가 된다 지난밤 울음에 절은 시간들이 널리고 울다 성이 안 차면 바다가 스스로 빨래가 된다 먹고 죽지 않을 만큼 표백제를 마시고 희디 흰 빨래가 되고 싶어 봄 햇살을 빨고 있다

새물내 울컥 터져버린 푸른 바다가 걸린다

— 손상철, 「여자의 방」 전문

저자거리의 풍경을 주조로 일상적인 소재를 채택, 사설시조로 풀어냈다. 화자는 '정자 다방'이라는 환유의 공간을 제시함으로써 우리 시대의 약자들이 감내해 가는 삶을 집약적으로 보여주는데, 중장에서 이 같은 의중이 잘 나타나 있다.

'옥탑방 이 양이 빨래를 하고 있다'는 대목은 시 속 화자의

삶을 대표하는 제유提喩이다. '옥탑방', '빨래' 등의 시어를 통하여 화자의 삶이 얼마나 척박한가를 암시한다. '바다', '술 취한 사내', '몸', '울음' 등에서 절박한 어려움에 처해 있는 화자를 독자들은 충분히 유추할 수 있다. 이 같은 절망의 언어 끝에, 화자는 '표백제', '봄 햇살', '푸른 바다' 등의 시어를 놓음으로 질곡으로부터 벗어나고 싶은 우리 시대 빈자들의 열망을 담아내었다.

또한 '지난밤 울음에 절은 시간'까지 '봄 햇살에 빨고 있'는 옥탑방 이양을 통해 불통의 시대를 건너가는 오늘을 대변한다고 볼 수 있다.

사설 형식을 시도, 다의성이 함축된 언어를 통하여 우리 현실의 사각지대를 살려낸 작품이다.

그녀의 목덜미에는 늘 지친 바다가 산다
어느새 비늘조차 뭉그러진 갈비뼈가 희다
공판장 뒷골목 아래 묶여 사는 물고기

장대비 오는 날은 어김없이 결리는 바다
한 그릇 가락국수에 지난밤을 곱씹으며
창가에 검은 머리 기댄 새우잠 자는 물고기

짧은 치마 속으로 어둠이 밀려온다
거울 속 나 아닌 나를 주문하는 밤의 바다

밤마다 붉은 입술을 꽉 깨무는 물고기

— 손상철, 「물고기」 전문

물고기를 환유로 하여 화자가 처한 삶을 바라볼 수 있도록 장치된 작품이다. 화자는 첫 대목에서 '그녀의 목덜미에는 늘 지친 바다가 산다'라고 진술함으로써, 그녀가 처한 삶의 공간이 어려움으로 점철되어 있음을 암시한다. 즉 생동감으로 활짝 열린 바다가 아닌 '지친 바다'를 제시, 그의 삶에 도사린 어려움의 일단을 드러낸다. 그같이 실마리를 던진 의문은 '공판장 뒷골목 아래 묶여 사는 물고기'로 더욱 커지게 된다. 그녀(물고기)는 먼 대양을 마당으로 사는 게 아니라 퀴퀴한 공판장 구석에 마지못해 놓여 있는 존재로 규정된다.

즉, '결리는 바다', '새우잠', '밤의 바다' 등을 통하여 그녀가 처한 어두운 시간들이 드러나는 것이다. 바다가 아닌 살벌한 거래가 벌어지는 공판장에 둥지를 튼 채 '밤마다 붉은 입술을 꽉 깨무는 물고기'라는 이미지 역시 어렵고 힘든 현실로부터의 일탈 의지를 암시 하고 있다.

하늘 아래 진정 두려운 것이 국민인가를, 이 시대 정치인들에게 묻고자 한 「원행을묘정리의궤」, 삶을 영위하는 수단으로의 바다에 남편을 잃은 할머니와 어머니가 있고, 아들인 내가 아직도 세상의 세파에 시달리며 항해중인 「바다, 그 정의」, 구두수선공 이씨의 부고와 생계의 터전인 순대국집이 빚에 넘어가 자살을 하는 「뒷골목 주식화사.com」은 암울한 우리시대의 현실을 설득력 있게 짚어냈다. 신중한 시어와 다의성을 갖추고 있는 시인의 한마디를 새겨본다

"처음부터 내 작품이 따슨 밥이 되거나, 또 다른 권력이 되거나, 사진 한 장으로 남을 명예가 되거나, 문학이란 이유로 남에게 큰소리가 되지 않길 소원했다. 이는 세상에 대한 욕심이 아닌 내 작품에 대한 직시다."

4. 김종렬_ 에피소드, 그 일상의 아이러니

정보지엔 정보가 없다, 줄줄이 가쁜 호흡
간밤의 토사물이 역모를 꾀했는지
밑줄 친 구직란 행간, 불어터진 면발 같다

오늘도 아침을 연 건 낡은 손수레였다
굳어버린 김밥처럼 팍팍한 삶을 싣고,
그림자 부수며 오는 억척의 수레바퀴였다

잠시 술렁대던 통근버스가 빠져나가고
인력시장 배경으로 늘어선 해장국집
혼자서 술 마시는 사람 역병처럼 번진다

— 김종렬, 「우울한 아침」 전문

우리를 둘러싼 세상의 진면목을 아이러니하게 그려내고 있다. '정보지엔 정보가 없다'는 첫 대목은 그 같은 분위기를 잘 환기한다. 화자는 '간밤의 토사물', '불어터진 면발' 등의 제시를 통하여 정작 가치 있는 정보는 찾아볼 수 없고, 서민들의 피부에 와 닿지 않는 것만 가득 찬 현실의 모습을 신랄하게 풍자하고 있다.

대학을 졸업하고도 취업준비로 2, 3년은 족히 걸린다는 요즘이다 보니 '밑줄 친 구직란 행간, 불어터진 면발 같다'는 표현이 실감난다. 얼마나 줄을 치고 줄을 쳤으면 굵어진 볼펜자국이 면발처럼 보였겠는가.

정보지를 끌어와 일용직 근로자를 유추하게 하면서 '낡은 손수레', '굳어버린 김밥', '통근버스' 등의 시어로 어려운 시대를 살아가는 사람들이 감내하는 시대상을 그려냈다.

시의 끝부분에서 '인력시장 배경으로 늘어선 해장국집 / 혼자서 술 마시는 사람 역병처럼 번진다'의 묘사는 그나마도 일거리를 잡지 못한 이들이 어쩌면 해장국도 없이 오뎅국물에 소주잔을 들이키는 모습이다. 어디 기댈 곳 없이 절박한 사람들의 인식을 직접적인 언술을 피하면서 시어의 환기를 통해 탄력있게 짚어냈다.

일상 잠시 접어두고 달려간 주전바다

언뜻언뜻 구름 사이 별 몇 개 반짝인다

별보기 얼마만인가 땅만 짚고 사느라

이어폰에 저당 잡힌 딸애를 채근한다
얘야, 반짝이는 저 별 좀 보거라
아버지, 아마 저것은 인공위성일거야

그래, 네 말대로 인공위성 그거라 치자
하지만 나는 그저 별이고 싶구나
유년의 멍석 위로 빛나던 그 별이고 싶구나

— 김종렬, 「별바라기」 전문

확 트인 동해를 배경으로 해맑은 너울 파도가 달려오는 청정해역 울산 주전바다가 공간적 배경이다. 화자는 '별보기 얼마 만인가 땅만 짚고 사느라'라는 구절을 통하여, 아버지는 먹고 살아가느라 하늘을 올려다 볼 여유조차 없었고 '이어폰에 저당 잡힌 딸애를 채근한다'는 구절엔 아름다운 자연을 앞에 두고도 즐길 줄 모르는 딸과의 세대 간 격차를 안타까워하고 있다.

편리한 문명의 이기에 길들여져 살아가느라 별을 보고 자라지 않은 세대는 밤하늘의 뜬 별마저 '인공위성'으로 안다는 진술을 통해 그 심각성을 슬며시 드러낸다. 바라 본 '별'이 혹여 '인공위성'이라 할지라도 '유년의 멍석 위로 빛나던 그 별이고 싶구나'라고 맺음으로, 가버린 어린 날의 추억을 되새기며 건조한 오늘의 젊은이들에게 정서의 물길을 열어주려는 품이 엿보인다.

자식의 목소리도 못 알아듣는 어머니의 치매 증세를 '때 이른 장마소식'에 비유한 「유월 한낮」을 읽으며 먹이고 입히고 가르치느라 마침내 '눈멀고 귀도 멀고 안도 서도 못 하시'다가 …… 우리 곁을 떠나는 부모님. 떠나고 나서야 얼마나 우리가 불효를 했던가를 이 시를 통해 깨닫는다. 세상을 떠난 지인들의 남아있는 흔적을 차마 지우지 못하고 추억하는 「주소록」, 탯줄을 묻어둔 곳에 다시 돌아 온 시인이 아름드리 소나무를 신앙으로 받들며 사는 「근황」을 읽으며 일상의 에피소드를 진술의 형식에 담아 의중을 잘 살려냈음을 밝힌다. 다만, 좀 더 다의성이 깃든 언어를 탐색하기를 바라며 시인의 말을 옮겨본다.

"나는 지금의 남루가 좋다. 그리고 즐긴다. 비울수록 더 단단해진다는 법을 날마다 깨우치는 일은 가장 큰 행복이다. 이 모든 중심에는 시조가 있다."

5. 김병환_ 수채화로 그려낸 풍경의 진정성

갈맷빛 푸른 기침 꿈길에 뱉고 와서
전설을 읽어주는 조가비 하얀 바다
밤이면 집어등 불빛 실루엣 연출한다

모래톱 속삭임이 반짝반짝 빛날 때
갈매기 간자체로 대본을 써 날리고
포구는 심심했던지 어족 이름 외운다

은물결 일렁이는 그리운 섬 되어보면
잠겼다 다시 뜨는 안부 같은 손 흔들림
수평선 느린 화면에 붉은 페인트 뿌린다

— 김병환, 「명선도」 전문

울주군에 위치한 무인도로 매미가 많이 울어 명선도鳴蟬島라고 불렀다는 설도 있다. 신선이 내려와 놀만큼 경관이 수려하다는 이곳은 매년 3~4월 사이 진하해수욕장에서 명선도까지 바닷물이 빠지면서 모래바닥이 드러나 바닷길이 열리는 장관을 이룬다고 한다. 명선도名仙島는 이에 걸맞게 아름답고 선명한 이미지들로 잘 엮어진 작품이다. '밤이면 집어등 불빛 실루엣 연출한다'는 구절은 그 같은 시도의 일환으로 미지의 세계에 묻혀 있던 섬 그림자를 환히 드러내준다.

'갈매빛 푸른 기침', '전설을 읽어주는 조가비' 등의 관행적인 표현조차 명선도를 수려하게 해주는 힘이 있다. '잠겼다 다시 뜨는 안부 같은 손 흔들림 / 수평선 느린 화면에 붉은 페인트 뿌린다' 등의 생동감 있는 표현이 일렁이는 물결위로 붉게 얼비치는 놀빛을 설득력 있게 해준다.

간추린 여백에다 횡으로 밑줄 긋고
굴뚝새 날아가는 설익은 연기 속엔
뒤란이 어수선하다 댓바람도 섞으며

어제와 오늘의 굴레를 벗어던진

부연으로 갈앉은 안부가 궁금하다

휘어진 빈 골목길이 달빛을 밟고 있는

— 김병환, 「굴뚝새의 저녁」 전문

진부한 진술이 아닌 참신한 이미지의 시도로 작품을 탄력 있게 끌어냈다. 즉 '간추린 여백에다 횡으로 밑줄 긋고 / 굴뚝새 날아가는 설익은 연기'라는 표현을 통해 도란도란 살아가는 농가의 모습이 눈에 환히 비치는 듯하다. '연기'와 '굴뚝새'를 은유의 고리로 연결 지어 열심히 농심을 가꾸며 살아가는 사람들의 생동감과 생명 의식을 환기한다.

둘째 수에서 '어제와 오늘의 굴레를 벗어던진 / 부연으로 갈앉은 안부'라고 밝힌 것은 그 같은 사람살이의 진정성이 대접받지 못하고 있는 현실을 암시한다. 다소 생소하기는 하지만 '부연'이라는 시어를 통하여, 자신들의 처지를 말하려 해도 좀처럼 통하지 않는 오늘날 우리들을 나타내려함이 아닐까.

사물을 주어로 하여 생동감을 한껏 자아내고 있는 '휘어진 빈 골목길이 달빛을 밟고 있는'에서 '휘어진 골목길'과 '달빛'의 사물 언어는 목가적인 풍경을 넘어 아득한 사람살이의 깊은 속내를 가만가만 드러낸다.

허준의 『동의보감』에 약보보다는 식보, 식보보다는 행보가 낫다는 말이 있고, 다산 정약용은 걷기를 청복이라고 했듯이 걷기의 최고인 동해 해파랑 길. 이제는 자전거나 승용차로 시원하게 달려가는 곳. 노을 속 쇠갈매기와 수평선이 한눈에 들어오는 「31번국도」, 갯메꽃의 추억을 마음에 뜬 무지개로 지우는 시인의 내면세계가 수채화로 엷게 깔린 「메꽃의 기억」, 맨 처음 봄소식을 절명시로 피워놓은 「생강꽃, 그늘」. 그 그늘에 가만 손을 내밀어 봄의 생채기 같은 못 다한 그리움을 함께 추스르며 시인의 말씀을 떠올린다.

"시인에게 있어 '자욱한 묵향에 젖은 시조 쓰는 일'은 '은유로 반짝이는 천향의 길'일 수밖에 없다. 새로운 소재와 새로운 낱말, 새로운 표현 등 소소한 것에서부터 고민하고 창작하는 나를 되찾아야겠다. 기존에 내가 쓰던 방은 해체한 후 대자연에게 물려 줄 생각이다."

6. 박미자_ 비만한 덧셈보다 유쾌한 뺄셈

전단지 돌리다가 늦은 저녁 해결한다
칸막이벽 바라보며 허겁지겁 먹는 밥
기억의 한 모퉁이를 잠식하고 있었다

대청마루 둘러앉아 건짐국수 먹던 날
돌담에 앉은 호박 노을빛에 익어갔지
이웃집 할머니 함께 국숫발을 건지던

도회지의 내 삶은 일회용 컵이었다

쓰다가 버려지는 허상을 마주하며

금이 간 거울 앞에서 똑딱단추 채우는

— 박미자, 「혼밥」 전문

일상에서 길어 올린 소재, 혼자 밥을 먹는다는 뜻의 신조어를 제목으로 끌어와서 시의 공간에 안착시킨 작품이다. '전단지', '칸막이벽' 등의 시어는 오늘 백척간두의 어려움에 처해 있는 젊은이들의 현실을 집약적으로 보여준다. 칸막이 벽 앞에서 혼자 밥을 먹다가 불현듯 어릴 적 대청마루에 둘러앉아 건진국수를 먹던 푸근함을 떠올린다.

화자가 간직한 기억의 한 모퉁이에 자리하고 있는 단란함마저 사라져가는 현실의 안타까움. '칸막이벽'와 '돌담'사이로 노을빛에 무르익은 탐스러운 '호박'이 시인의 눈에 자꾸 얹히는 것이다.

셋째 수에서 '도회지의 내 삶은 일회용 컵이었다 / 쓰다가 버려지는 허상'이라고 단호히 말함으로써 지속 가능성을 잃어버린 도시의 삶을 비판적인 눈으로 직시하는 반면, 오늘날 젊은이들이 처한 내면의 모습을 '금이 간 거울 앞에서 똑딱단추 채우는'으로 맺음으로 현실을 여과 없이 드러내 보였다.

창창히 잘 나갈 땐 번화가 누비다가

기우뚱 몸을 끌고 산 아래로 찾아든다

벼랑 끝 내몰린 뒤에 비로소야 깨닫는

산사태 일어난 골 봄날이 찾아왔네
흐드러진 벚꽃은 자취를 감추어도
시멘트 흙더미 위로 비집고 나온 민들레

모퉁이로 밀려난 뒤 질척이던 생각들은
아이 웃음 응시하며 툭툭 털고 일어나
새벽을 내딛는 걸음 무겁지만 힘차다

— 박미자, 「산동네 스케치」 전문

우리네 생이 어디 탄탄대로뿐일까. 화자는 기우뚱 기울어 산동네로 밀려난 후에 삶의 진정성을 회복하게 된다. 소외된 공간에서 오히려 인간다운 삶을 펼치게 되는 것이다. 첫 수에 제시된 '벼랑 끝 내몰린 뒤에 비로소야 깨닫는'다는 대목도 그 같은 미덕을 환기시킨다. 종장을 더 자연스럽게 '벼랑 끝 내몰린 뒤에야 비로소 깨닫는'으로 앉히면 어떨까.

이 시는 비록 진술로 일관해 있기는 하지만, 이항대립어의 구사를 통해 화자의 내면이 잘 들여다보이도록 장치된 작품이다. 즉 '벼랑', '산사태', '흙더미', '모퉁이'는 화자가 처한 감당하기 힘든 현실을 말해주는 시어들이라면, 그 대척점에 '번화가', '흐드러진 벚꽃', '새벽' 등의 시어가 환히 자리 잡고 있다. 이를 통해 '산동네'로 상징되는 가파르고 힘든 공간에 에

워싸여 있지만, 끝내는 이를 극복하고 아름찬 새벽으로 나아가고 만다는 의지가 이 시를 탄력 있게 한다.

시멘트 흙더미를 비집고 민들레가 당당히 피어났듯이 어린 아이의 해맑간 웃음에 힘입어 지금은 무거운 걸음조차 화자는 힘차게 여겨지는 것이다. 우리말에 집이 넓을수록 가족 간의 마음거리도 넓게 벌어진다고 한다. 단칸방에 한 이불 덮고 살 때는 서로 애틋하여 사랑도 뜨거웠다는 말씀에 새삼 고개가 끄덕여지는 순간이다.

그대와 내가 접착력이 좋은 풀처럼 떨어지지 않기를, 아니 한 번의 실수라 해도 나의 희망이 제자리를 지켜주기를 염원하는「딱풀」, 우리 삶에서 무언가를 덜어냈을 때 오는 가벼운 해방감, 화장의 완성인 '립스틱'을 두고 왔지만 비만한 덧셈보다는 유쾌한 뺄셈이 가식 없이 우리를 차분하게 한다는 「아차, 그만」, 가을이 자동차와 낙엽과 나를 나란히 데리고 시간을 건너는 「가을동행」을 군더더기 없이 순전하게 바라보면서 시인의 마음노트를 펼쳐본다.

"앞으로 나의 시업을 일궈가는데 있어 긴장과 압축의 묘미 속에 해학성도 담을 수 있도록 노력할 것이다. 사물을 세밀히 관찰하여 작품을 구상하고 자연생태학적 추구와, 삶의 이면을 노래하리라"

7. 김종연_ 환유, 진술과 이미지의 효과

두 주먹 불끈 쥔다 알곡이 되겠노라

"명문대 못 나오고 스펙도 부족하네요."

이력서 내밀 때마다 쭉정이가 되어 간다

— 김종연, 「풋」 전문

선명한 의미와 응축된 경구를 통하여 화자의 의중을 확산시키고 있다. '풋'이라는 말은 풋풋한 젊음을 연상시키기도 하고, 역으로 하고자 하는 일이 벽 앞에서 무산되고 마는 현실에서 나오는 웃음이기도 하다. 중의重意를 기반으로 하고 있는 말로, '언어의 절약, 의미의 확산'이라는 시조의 본령과 어울리는 조사措辭이다.

첫 대목으로 제시된 '두 주먹 불끈 쥔다 알곡이 되겠노라'는 것은 패기만만한 젊은이가 한번쯤 품음직한 생각이다. 하지만 화자는 이내 '명문대 못 나오고 스펙도 부족'하다는 현실의 장벽 앞에 맞닥뜨리게 된다. 비록 간결한 인유引喩지만 우리 시대의 풍경을 집약해냈다. 어느 개그프로에서 '일등만 기억하는 더러운 세상' 이라는 말이 한때 유행한 적이 있다. 명문대와 스펙이 취업의 1순위인데 90%의 젊은이들이 쭉정이로 전락해가는 현실은 누가 책임질 것인가.

종장의 진술은, 인간다움이 상실되고 겉과 속이 다른 지금의 현실을 가차 없이 드러낸다. 여기서 '쭉정이'는 화자 자신의 모습이라기보다, 알맹이는 보지 못하고 겉만 보고 판단하기 십상인 우리 시대의 자화상이라 해도 좋을 것이다.

단수지만 장과 장의 공간을 활짝 열어놓고, 단단한 상징 시어를 통하여 의미를 한껏 확장해 놓은 작품이다.

손 안엔 지도가 없고 하늘은 멀었다

고대했던 대답은 침묵으로 당도하고

온종일 돌밭을 헤맨 발 오늘도 노숙이다

수직의 꿈 꺾인 자리 새벽빛 와 앉으면

너에게 당도하는 길 어렴풋이 알 것 같아

온 들녘 향기를 풀며 너덜겅을 건너간다

— 김종연, 「땅찔레꽃의 노래」 전문

굽히지 않는 시대정신을 땅찔레꽃에 빗대어 인간사의 곡진함을 형상화하였다. 초장에서 '손 안엔 지도가 없고 하늘은 멀었다'라는 말로 현실에서는 설자리가 마땅치 않은 처지에 놓인

인간상이 드러난다. 이어지는 '고대했던 대답은 침묵으로 당도'한다는 구절을 통하여 어떠한 처지를 하소연하여도 시원한 답을 들을 수 없는 현실을 빗대고 있다.

진술로 일관하는 걸 넘어 '온종일 돌밭을 헤맨 발 오늘도 노숙이다'라는 제유적 표현을 통해, 얼굴이나 가슴 아닌 부르튼 발로 세상과 대면하면서 살아가야 한다는 점을 실감 있게 표현했다. 돌가시나무라고 하는 땅찔레꽃은 줄기가 땅을 기는 성질이 있다. 그렇게 돌밭을 기어 뻗어가듯이 화자 역시 아무리 힘겨워도 '너에게 당도하는 길'을 알아내어 온 들녘(세상)에 향기를 풀며 너덜겅(역경)을 건너가는 것이다.

둘째 수는 땅찔레꽃이라는 제재와 긴밀하게 관련지어 어려운 처지에 있는 시적 화자는 자진하여 낮은 데로 넉넉하게 임하는 것이 삶의 참 도리임을 힘주어 말하고 있다. 돌이 많이 흩어져 있는 비탈길도 마다하지 않고 묵묵히 가는 것이 삶의 향기를 널리 나누는 길이 아닌가. 환유를 통하여 언어를 깊게 파고들면서도, 진술과 이미지를 뒤섞어 실감 있는 표현 효과를 거두었다.

찬란한 고구려 역사를 마음껏 드러내지 못하고 주변의 왜곡에 풀이 죽어 막막해하는 「광개토대왕비를 생각하며」, 영구적 정신장애를 남기는, 선명한 충격으로 삶에 끼어들어 우리를 무한정 헝클어 놓는 「트라우마」, L.A에 있는 천문대에서 '너'라는 별자리를 떠올리며, 일일이 묻는 게 많은 네게 밤새워 답신을 보낸다는 「그리피스 천문대」를 끝으로 시인의 마음결을 엮어본다.

"〈그대 나에게, 길을 따라 나에게, 언제나 나에게 오고 계십니다.〉 평소 좋아하는 타고르의 시 구절입니다. 시를 기다리는 제 마음도 이와 같습니다. 결코 나를 저버리지 않고 내게 올 시조를 한결같은 마음으로 꿈꾸며 받듭니다."

8. 에필로그

폴 헤르나디Paul Hernadi는 장르를 가르는 유사성의 기준을 네 가지로 설명한다. 작가의 정신적 태도로서 인생관과 세계관의 유사성(표현론), 문학이 독자에게 끼치는 효과의 유사성(효용론), 언어 매체나 형식의 유사성(구조론), 작품이 반영한 세계의 유사성(모방론) 등 어느 것에 비평가가 초점을 두느냐에 따라 장르 비평의 유형이 나뉜다고 한 바 있다.

전통적인 운율 중심의 사고로는 오늘날 복잡다기화 된 디지털 문명을 제대로 표현할 수 없으며, 산문적인 형식이 그를 대체하고자 하지만 이것으로도 알맞은 장르적 특성을 찾을 수 없어 운문이나 산문 모두 정착보다는 끝없는 모색이 뒤따른다고 본다.

시조 역시 시대정신을 바탕으로 끝없는 혁신을 추구해야 그 입지가 단단해진다는 말에 다름 아니다. 안팎을 새롭게 인식하면서 장르적 모색을 꾀할 때, 즉 시세계의 내면적 재건축을 지속해 갈 때 현대시조는 설자리가 더욱 확고해지고 넓어질 것이다.

《운문시대》 작품들을 통해서 오늘의 시조가 혁신을 향해서 부단하게 나아가고 있다는 점을 감지할 수 있었다. 시조 미학의 본령을 지키면서도 꾸준하게 자신만의 틀을 마련해 가는 것이 모름지기 시인의 사명임을 알고 총욕불경寵辱不驚으로 시조의 거울 앞에 온전한 모습을 비춰야 할 것이다.

1

신춘희

운문시대_13
자선시조

새벽에

마침내 난蘭이 봄을 맞기로 했나 보다
옷고름 푸는 소리 잠결에 듣는다
한순간 나의 오감도
곡선으로 휘인다

낙엽

한때 저것은 신의 작은 손수건이었다
꿈, 희망, 기적, 사랑을 녹색실로 짠,
한두 장 수집해서는 책갈피에 묻고 싶은,

삶의 고된 여정에 짓눌릴 때마다
문득 책갈피 속 손수건을 생각했다
중심에서 멀어질수록 모서리가 삭아가는,

아플 때는 아프다고,
그리울 때는 그리웁다고,
바람에 쓸려 가면서
지상에 쓰는 편지
오늘 밤 지구 뒤편에서
눈물 훔치는 이 있겠다

햇살을 읽는다

넉살 좋은 아저씨 같은,
그 아저씨 웃음 같은,
시월의 햇살이 담벼락에 모여 있다
막걸리 한잔 했는지 얼굴이 불콰하다
지나온 날들과 맞이할 죽음 사이
쌓여 있는 적막을 바람이 빗질한다
뽀오얀 먼지 속에서 쿨럭이는 가랑잎
고추가 고샅에서 일광욕 즐기는 사이
애잔하고 여리고 아름다운 것들을
잠 속에 데려가려고
햇살은, 뒤척인다

벚꽃 지는 날 오후

가만히 밀감을 물면 입안이 환해지듯이
그이가 들어와 노을을 가만 펼 때
참으로 아득해지는 혼미의 순간이 있네
눈앞에서 꽃잎 날리고, 더불어 몸은 뜨고
갑자기 발칙해지는 관능적 상상이여
생각이 감옥에 갇혀도 오감은 즐거워라
그이에게 가는 길은 어디든 늪이어서
항상 맨발인 채 조심조심 건넜었네
그러다 쑤욱 빠지면 나오기가 싫었네

금강錦江, 가창오리 떼

소리가 불꽃처럼 하늘에서 쏟아진다
해지는 하늘을 한순간에 압도하는
저것은, 수십만 꽃들의 서러운 날갯짓
바다에 닿지 못해 절망하는 강물 위에
몽고반점처럼 박혀 있는 검은 약속들
저마다 미완의 동력,
비행을 꿈꾸고 있다

강과 바다의 경계가 무너지는 저물녘
신神, 하구河口로 어둠을 몰아가고
마침내 숨 쉬는 우주를
힘껏 밀어 올린다

자벌레

녹색의 벼랑길을 자벌레가 가고 있다

접었다 폈다, 접었다 폈다
동작이 위태하다

팽창과 수축 사이
압축된 세월만큼

가지 끝에서 전해져 오는
무한대의 박동소리

그 파장 지축을 울려
내가 잠시 긴장한다

낯설다, 물소리

서정시가 품고 있는 감성의 가시처럼,
아파트가 품고 있는 철근의 독성처럼,
어둠의 층계를 내리는
수직의 물소리,

욕망을 감추고서, 갈등을 숨기고서,
상처 깊은 꿈과 사랑
수많은 결점 앞에서
스스로 조사弔詞를 쓰다
절명하는 물소리,

한 치의 오차도 없이
한 치의 타협도 없이
물은 다시 깨어나
하강下降을 시작한다
정화된 천상의 소리
그 득음得音을 위하여

중년, 자장면을 먹다

나이 들수록 나는 내가 두렵다
주변을 서성이는 그림자가 무섭다
자장면, 홀로 먹다가
목이 메는 오후
혹시 누가 볼세라 모자 깊이 눌러 쓰고
그래도 살아보겠다고 젓가락질 계속이다
후루룩 후루루 후룩
외로움도 삼킨다

불현듯 함께 있어줄
누군가가 그리워서
빛바랜 수첩을
뒤적뒤적 하지만,
빈 그릇 바닥에 떨어진
눈물만 서럽다

북과 판소리

가장 자리를 슬쩍 치거라
툭! 탁! 때리지 마라
제대로, 가운데를
쿵! 하고 내려쳐라
가벼운 파장이 놓친
큰 울림과 만날지니
곡선이 다스리는
무한대의 바다 위로
심청가 한 가락이
수직으로 떨어진다
신명이 노을을 물고
출렁이는 인당수

귀뚜라미

그 여자, 오늘도 첼로를 연주한다
누군가의 한 생이 창가에 와 머문다
깊은 밤, 내 작은 귀는
울음강이 되었다.

2

손상철

운문시대_13
자선시조

21C.세상이란.co.kr 3

— 팔리는 길

도시는 길이 참 많다
길마다 은밀한 귀들
바람을 조심해야 해
죽은 꽃을 팔지도 몰라

딱딱한 그들의 눈물 속
또 숨긴 귀가 있어,

상점마다 팔리는 길
무작정 따라가지 마
상표는 단지 개그야
믿을 것은 가격이지

무슨 일,
짝퉁이라고 모른 척해
그게
길이야

21C. 거리에 사람이 없다 1

복사기에 또 하루의 시간들이
복
사
되
고
있
다

누군가 또 자신의 그림자를
잃
어
버
리
고

퇴근길 복사 중에 걸린 또 한 장의 저 얼굴

정확히 불러주세요
내 이름 석 자만이라도
딸린 식구가 있으니
사용 시 주의사항은
가격은 물론 없습니다
목구멍이 포도청이니
참겠습니다
잦은 구타도
손상이 없는
인격에
돌 수 있는 시계로
25시간 언제든지
몸덩이는
안 해본 일 없는
이 세상
몸은 즉시 팔 수 있음
마음만 남겨둔다면
한 끼 죽으로도 족함
굶지 않는다면
배고픔을 알고
가난한 집 장남이라
67년産

— 인력시장, 저를 사주세요

21C.도시주식회사.co.kr 1

너는
불면에 떠는
우는 법을 몰라
돌아와
남의 구둣발로 헤매다
술 취한 밤거리를
젖을 빨다 깬 꿈이 좋아
지난밤 어머니 품에

아내여
철든다는
무덤 속에서
남자는
바꾸어 신는 날들
양말 좌우를 가끔
밤마다 엄지 빱니다
아직 무식 중에

— 마흔 자화상

21C.도시주식회사.co.kr 5

이력서, 자장면을 시키고 기다리는 사이

밤새 수다를 떨던
TV 다시 깨우고

유효기간 지난 빵 속
보리 싹이 파릇 텄다

읽다만
체게바라 평전은
아직
전투 중이다

죽은 동료를 뜯는
금붕어의
큰 배를 봐

거울 속 나를 보자
서로가 자꾸 낯설다

정보지
구직란 붉은 밑줄이
새벽비를
맞고 있다

배수진

— 노숙자 103

눈이 오고
대열의 끝은
쉬이
보이지 않는다

철 지난
신문지로
습관적으로
가리는
얼굴

한 끼로
하루 버티려면
이 배수진을
지켜야 한다

마지막 손길
— 노숙자 105

한 목숨이
자신의
이름을 찾고 있다
세상에서
무거웠던
육신만 남겨두고,

경찰은
마지막 손을 잡아
그의
지문을 찍는다

이젠 부르지 않는
이름을 가진 사내
이미
쓸모없는
주소와
주민등록번호

세상은
사내 모르게
도심 속에 유기中

스위치

— 노숙자 108

구멍 난 모니터가
지하도를
뒹굴고 있다

이미
몸속 장기는
해체되어 유통되고

세상과
연결된 스위치가
마지막
통화中

아이
— 자판기 101

남편과 부부계약이 이 달로 끝나가고 있다
아이는 재고 창고에 3년째 놀고 있다
퇴근길 센남편자판기(주)서 새 남편을 계약했다

남편은 나 몰래 벌써 새 아내를 샀을 것이다
키와 가슴 크기를 키우는 데 대출까지 받았다
이름을 갖지 못한 아이는 이제 폐기될 것이다

영정

저 눈에 꽃이 지고 비가 발목에 젖어
몸속에 새겨지던 길들이 웃고 있다
도무지 언제쯤 저 꽃이 지려는지 모르겠다

검붉은 귓불에 남은 소리가 바람 같다
침묵보다 깊은 웃음으로 온전히 견디시더니
귓가에 시도 때도 없이 풀벌레가 우는가

3

김종렬

운문시대_13
자선시조

자벌레

숲길을 배회하다 그를 또 만났다
족히 한나절을 거듭했을 오체투지
여름내 날씨만 탓한 내가 언뜻 보였다

허리 한번 펼 수 없는 천형도 모자라
또 무슨 까닭 있어 고행을 자청한 걸까
길 없는, 길 찾아 나선 저 화엄의 눈부심

피안에 닿는 길이 저보다 경건할까
가만 눈 감으면 천 갈래 만 갈래 길
초저녁 염불소리에 산도 성큼 내려앉다

우울한 연대 3

큰 손녀 취업소식에 아버지가 우신다
웃어도 좋을 날에 왜 목이 메는 걸까
두 자리 청년실업률이 통풍보다 무섭다

세상이 힘겨울 땐 낙엽도 난감하다
바람을 따라야 할지 따로 길을 내야 할지
봄날은 아직도 먼데 머릿속이 복잡다

시간은 예고 없이 한 계절을 무너뜨리고
가파른 희망 앞에 주저앉는 잡풀들
강 건너 돌팔매질하는 저들은 누구인가

달팽이

1

빗길을 혼자 걷다 달팽이와 또 마주친다
질펀한 시장 바닥을 배로 밀던 그 사내
불현듯 시 쓰는 일이 사치처럼 와 박힌다

2

얼추 내 나이쯤 돼 보이던 그 사내
살아온 내력이야 실타래처럼 길겠지만
왜 나는 그의 주위를 쉽게 떠나지 못했을까

손에 든 책 몇 권이 왜 그리 부끄럽던지
기껏 한 것이라곤 지폐 한 장 얹어준 일
바닥을 기어 다니던 그의 안부를 묻는다

공원 풍경

새들도 그늘 찾는 도심의 공원 한켠
정물로 앉은 노인들 점심은 드셨을까
쓰러진 소주 빈 병이 허무처럼 뒹군다

이 나이에 끊어본들 무슨 소용 있겠냐며
새로 산 담배 꺼내 한 개비씩 돌리는데
지나는 애완견 옷이 비단보다 더 곱다

빈락貧樂

간밤에 비바람이 제법 거셌나보다
별일 없느냐며 물어오는 안부전화
초막이 남들 눈에도 허술해 보였나 보다

하지만 벗이여, 이 남루가 난 좋다네
바람보다 먼저 펄럭이는 지붕하며
빗소리 가신 뒤에도 멈추지 않는 여운하며

행여 못 미더우면 볕 좋은 날 오시게
산그늘 바람 몇 장 기꺼이 내어줌세
부엉이 울음소리와 별 한 줌은 덤일세

그해 겨울

겨울비 추적대는 늦은 오후였다
몇 군데 허방치고 겨우 찾은 구두수선집
백열등 낡은 불빛이 첫눈처럼 반가웠다

뒷굽을 가는 데는 채 오 분도 안 걸렸다
두 해는 족히 넘게 나를 지탱해준 그가,
작별을 고할 틈도 없이 쓰레기통에 박히고

그런데 왜 그 순간 목젖이 아렸을까
'아저씨, 그 굽 제가 가져가도 될까요'
한 번도 안아주지 못한 아, 내 몸의 일부여

겨울 예감

풀벌레 떠나버린 고향의 겨울 초입
막차는 늘 그랬듯 텅 빈 채 돌아가고
간간이 개 짖는 소리, 노인들 기침 소리

비운다는 건 다른 무엇을 채우는 준비라지만
주저리 붉은 감이 언 채로 겨울을 난다면
그것은 그리움 뒤에 숨은 두려움의 엄습이다

길들이 지워진 건 억새풀 탓만 아니다
바람도 자꾸 헷갈려 뒷걸음치는 요즘
길 잃은 귀뚜리 한 마리 벽 안에서 목이 쉰다

갈치찌개를 끓이다

너를 범하는 건 참으로 간단하다
가벼운 칼질 몇 번에 몸뚱이가 해체되고
바다를 지탱한 은비늘도 사정없이 벗겨지고

뜨거운 냄비 속을 욕심으로 들여다보다
짠내를 게워내며 공유하는 너를 본다
죽어서 더 향기로운 식탁 위의 갈치여

나도 우려낼 그 무엇이 남아 있을까
접시 위의 네 뼈처럼 고요할 수 있을까
요즈음 밥상 앞에서 무릎 자주 꿇는다

망각의 늪

정녕 이 땅에도 봄은 오고 있는가
꽃 피고 새순 돋아도 봄이 봄 같잖다
또 누가 시간이 약이라며 빗대어 우길 건가

팽목항 떠나지 못한 애끓는 영혼이여
미안하다 미안하다, 천만 번 뇌우친들
익사한 4 · 16봄에 무슨 속죄 되겠는가

빗물에 지는 것이 꽃잎인줄 알았더니
거센 물살 속에 수장된 꽃잎, 꽃잎들
익명의 바람마저도 목을 놓아 우는가

촛불

통증 없이 피는 꽃이
몇이나 될까마는

온몸을 불태워야
비로소 꽃이 되는

툭 치면
금방 쏟아질 듯
그렁그렁
눈물꽃

4

김병환

운문시대_13
자 선 시 조

무영탑

삼세를 건너뛰는 불국사 비로자나불
달빛 진 앞마당을 하얗게 쓸고 있다
풀벌레 가을 소리도 귀천에다 집을 짓는

부전나비 처녀 시편 탑으로 쌓고 있다
성좌에 반짝 앉아 별이 된 슬픈 사연
한 천년 눈을 감으며 영지 다시 달이 뜰까

모서리 다 닳도록 무영탑은 기우는데
푸른 물들인 바람 새소리도 청량하다
무상의 구름 문양도 흘러갔다 다시 오고

떼까마귀, 갈까마귀 떼

석양을 마당 삼아 춤사위가 한창이다
북장구 징 꽹과리 신명나게 흥을 돋는
태평소 구성진 가락 앞서거니 뒤서거니

저 들녘 들썩이며 소떼 모는 갈까마귀
풍년제 올리면서 노적가리 쌓고 있다
팽팽히 밀고 당기며 발목 잡는 겨울 저녁

느티나무가 있는 풍경

손톱 달 물들여서 달빛에나 비춰볼까
스무고개 뛰어넘던 느티나무 운동장에
아이는 은빛 굴렁쇠 굴리면서 달려간다

해종일 씨눈처럼 반짝이는 눈빛들이
허리춤 추스리며 썰물처럼 빠져간다
단풍잎 비친 유리창 그리운 이 얼굴 되고

은유로 피는 꽃

가만히 햇살 한 줌 빈손에 놓아 버린
빗금 친 창가에 와 꽃씨 말씀 전하더니
쪼르륵 흘러든 찬물 향기 되어 번집니다

애잔한 그리움 안고 몸 움추린 겨울 창가
잎새로 지운 생각 그렁하게 다가서면
꽃잎이 세상 여는 길 눈부시게 봅니다

조그만 벌 나비도 날아든 꽃밭에서
살며시 고개 들어 빈 하늘 올려다보면
하로롱 내 유년의 봄날 은유 맑게 담습니다

목련화첩
— 산목련

초록의 잎새 사이 일렁이는 햇살 비늘
두엇 송이 꽃이 와서 산그늘에 머문다
산새도 가슴이 아려 지긋 눈을 감는데

무너지는 봄날 앞에 목련화첩 꺼내들면
눈 끝 삼삼 밟고 와서 뚝뚝 떨군 하얀 편지
걷히는 산안개 계곡 물소리가 환하다

중년의 가을

불혹에 세상 흐름 이제 조금 알 것 같아
등 매단 먹감나무 우듬지에 불 지핀 뜻은
소소소 낙엽비 소리 들어 보라 하는 거다

회한의 눈물 한 줌 길섶에 뿌린 날들
돌아보면 부연 기억 발자국 지워 가면
불 밝힌 알전구 홍시 빈 하늘 데우는 거다

파래소 폭포

물 목욕 끝낸 낮달 인당수에 몸 담근다
명주실 한 타래를 실실 풀면 맞닿을까
마음을 다잡고 서면 굽이굽이 절벽인데

몸 낮춘 푸른 산은 종일토록 울고 있다
겹겹이 포갠 운무 무지개로 다리 놓고
바람의 상처가 깊다 벼랑 끝에 우뚝 솟는

눈부신 달빛 흐려 세월을 밀어내면
수장한 천년 비경 손 내밀면 잡힐 듯
간월재 은빛 억새도 달려와서 머리 풀고

무제치 늪

아직 처녀막을 잃지 않은 자궁 같은
나직나직 귀엣말로 어깨동무한 무제치 늪
누구도 범하지 마라 동화나라 손짓을

물방개 소금쟁이 물매화 애기나리
반 평 하늘 열어 놓고 세월조차 붙잡아 두고
작지만 저만의 삶을 가꿔 가고 있었다

풀섶엔 꼬막 날갯짓 노랑나비 팔랑대며
동동동 물잠자리도 갔던 길 되돌아 날고
산빛을 쓸어 넘기는 참억새도 흔들린다

회화나무 단상

우물가 달빛 길어 몇 동이 져 나르던
삼대 째 조상 섬기듯 써 내려온 내력들은
새벽길 부연 기억 속 빈 갈증만 적셔 낸다

결마다 곰삭아 든 균열 진 나무 등걸
유년의 그늘 되어 빈자리 내주더니
짙푸른 고향의 향기 바람결에 실려 간다

학처럼 야윈 가지 옹이 박혀 내려앉고
저문 날 우듬지에 까치놀이 걸려 울면
날렵한 묵필 한 획을 그어 대는 동구 밖

감꽃 지는 밤

먹감나무 속에 들면 달도 감물 드는갑다
도란도란 모여 앉아 감꽃 한 줄 꿰 차고
목걸이 엮어서 주던 그 손길이 그립다

까르르 아이들의 웃음소리 떠난 지금
봄밤에 몰래 가만 훔치다 놓친 단잠
유년의 감꽃 지는 소리 별빛으로 쏟아진다

5

박미자

운문시대_13
자 선 시 조

금낭화

누가
숲속 바다에
릴낚시 하나 보다

실바람 간들 불자
흔들리는 분홍찌

사랑은
이런 것일까
떨림으로 다가오는

짬뽕

기분이 꿉꿉한 날 화끈한 짬뽕을 먹는다
해산물 어우러진 칼칼한 그 국물 맛
신산한 일들 앞에는 이런 맛이 제격이다

그날 부둣가에는 갈매기 낮게 날고
그물코 깁던 아버지 하곳길 나를 불러
신작로 반점 데려가 면발 돌돌 감아준

혼자 걷던 시골길은 싱거운 맛이었지
지금 세상일이란 불어 터진 식은 짬뽕
헛헛한 가슴 채워줄 뜨끈함이 아쉬운

길 커피

비좁은
시장 통로
인정 실은 리어카

입담도
설렁설렁
눈빛으로 저어가며

차가운
바람 한 움큼
녹여주는 손난로

오색천 일지

사나흘 멀쩡하게 햇발 좋던 하늘이
엇박자 일기예보 물 폭탄을 퍼붓는다
기왓골 수막새 슬픔 잠겨 가는 여름날

오색 기름띠로 일그러진 물 표면에
미동 없는 왜가리 제 모습 찾고 있다
얼씨구 웬 먹인가 싶어 완구 덥석 베어 문

천천히 움직이는 저 괴물 잡동사니
괴성 불쑥 내지르며 한입에 삼킬 것 같은
허옇게 배 뒤집힌 하구 거품이 게고 있다

일간지 부음 기사 강어귀에 걸쳐 있고
하늘 베고 눈뜬 물고기 갈대숲이 염을 한다
벗어 둔 구름 가운이 송신탑에 널릴 때

사금파리 탑

임란의 치욕 안고 끌려갔던 조선 도공
물레 돌린 시간만큼 고국 하늘 품었지만
쨍그랑 빛빛의 조각 사금파리 탑이 되고

생질꾼 십 년 만에 명장 되어 혼 빼겼어도
청화백자 몸체마다 물고기 키웠으리
현해탄 건너는 꿈은 고국 물에 닿게 할

아직 삭지 못한 가마 속 그 울분은
비늘 돋은 파편들로 시리도록 빛나는데
살풀이 흰빛의 혼령 조류 따라 떠돈다

봉함엽서

무심결 울어대는
핸드폰 신호음에

비밀번호 풀어보니
창가에 와 있단다

찌르륵
벌레 울음도
함께하자는 이 가을

우물에 대한 단상

햇빛 한 동이 찰랑찰랑 머리에 이고 오던
그 길에 삽살개도 촐랑촐랑 따라오던
상아빛 감꽃 몇 톨이 우물 속에 떨어지던

어울림 그곳에는 소문 분분했다
깊이를 잴 수 없는 말들을 펴 날라도
언제나 웃음 자잘한 소통의 창구였다

우물 속 청소하고 바닥에 깔았던 숯
나쁜 기운 걷어내고 말개진 참새미에
달님도 심심할 때는 물맛 보러 오곤 했다

방음벽

밤낮 웅웅거리는
차량들의 아우성

소리의 덩굴손이
벽을 타고 오른다

너와 나
불신의 경계
허물려고 하는지

인연 자물쇠

대왕암 철책 난간 따닥따닥 붙은 자물통
둘 마음 꼭꼭 묶어 바다 보며 했던 맹세
아무도 열 수 없도록 열쇠 풍덩 던진다

오늘도 연인들은 해무처럼 다가와
구름꽃 바라보며 지어가는 꿈의 궁전
수평선 바지랑대에 설계도 펼쳐 넌다

부식된 시간 속에 온전한 건 하나 없고
잠그고 열 수 있는 건 오직 그대 사랑인데
진정한 만남 앞에선 무의미한 쇠붙이

주상절리

통나무 베어 와서
신전을 지으려 했나

뜻하지 않는 화재
불길에 휩싸일 때

파도가
일순에 덮쳐
숯더미로 쌓였다

6

김종연

운문시대_13
자 선 시 조

아라홍연

그림 속 정물처럼 700년을 살았습니다
그댈 부른 손짓 몸짓 메아리로 돌아오면
엇박자 연가 되어서 눈물 달고 선 하루

10년만, 아니 100년만 당신 기다릴 테야
하루에도 수천 번 접은 마음 허물어지고
오감은 여닫은 자리 멍울진 바람希들만

그의 꽃이 되고 싶다. 의미가 되고 싶다*
시간을 넘고 넘어온 주문이 된 기도 한 줄
천지가 숨을 참는다. 늦은 응답 미안해서

* 김춘수 시인의 시 「꽃」에서 인용하였다.

우데기엄마

눈보라 비바람이 내 목만 꺾고 가길
시위대 행렬처럼 에워싸고 에워싼 채
긴 겨울, 부릅뜬 눈을 감지 못한 날 많았네

그 안은 성역이었네 아무도 넘볼 수 없는
언 손과 터진 볼이 담보로 제공된 걸
새끼 셋, 품에 거느린 엄마가 되고도 몰랐네

바람이 슬몃슬몃 귀띔을 하고 갔지만
세상이 평안했음에 귀담아듣지 않았네
안과 밖 그 경계에는 바람이 늘 순했네

"우야든동 오순도순 재미나게 살거래이"
이제 겨우 눈으로만 그녀의 일기장에
가득한 말줄임표만 난분분 흩날린다

꽃 진 자리

— 지산리 고분 44호분

피지 못한 꽃 몽우리 1500여 년 잠든 동안

엄마는 몇 번이나 새가 되고 바람이 됐을까

주산엔 목이 잠긴 바람 한 점 흐느끼며 숨어 사네

동학혁명 기념관에서

글자가 꿈틀거렸다 착시일까 염원일까
그날의 함성을 증언하는 슬픈 이름들
기념관 벽면에 붙어 말없이 살고 있다

역사가 기억하는 한 줄 문장 속 그들
울분도 허망함도 수사 없이 민낯이다
묵묵함 그 깊은 골에서 뒤척이는 숱한 시간

목숨은 하나였고 열망도 하나였지만
제각각 한이 서린 눈물겨운 사연들
훈장을 달아주고 싶다 우금치 풀꽃 꺾어

남매탑 이야기

포위망 좁혀오듯 어둠 몰려오면
댓돌 위 신발 두 켤레 숨소리 들릴 듯 말 듯
산중엔 어제도 오늘도 함박눈만 내린다

불빛도 눈빛도 난분분 흩어지던 그 밤
차마 흐르지 못한 정 숫눈처럼 쌓여가고
명치끝 실금 가는 소리 눈발 속에 묻힌다

적막을 짊어지고 등보이며 앉은 사람
함께일 수는 있어도 한 몸이 될 수는 없어
탑 속에 혼을 누이고 천년을 마주 서 있다

거미줄

공치는 날 다반산데 비 오는 날 또 다반사

우의 없이 알몸으로 허공을 잇대 보지만

빗물만 오종종 매달려 눈물처럼 글썽인다

박태기꽃

잘 지내?

안부 한 줄

너에게 가 닿지 못하고

해종일 도돌이표로 혈관을 따라 돌다

일제히 툭, 터져버린 분홍 물집 손편지

초혼묘

— 유관순

온몸이 피투성이 살점 찢겨 너덜대도
내 넋은 줄 수 없다 끝끝내 앙다문 입술
승리표 석유 상자에 담겨 교정으로 돌아왔네

독립만세, 독립만세 기차도 그리 운다던
죽일 수 있어도 독립을 막을 수는 없다던
열여덟 소녀의 기도 불사조가 되었네

무덤마저 파헤쳐 한 줌 육신 사라지고
이태원 공원묘지엔 메아리만 웅성웅성
가끔씩 천둥 번개 찾아와 우리 대신 곡을 하네

늑대와 아기 염소

밀가루 하얗게 칠한 늑대의 검은손
엄마 얼굴 가면에 세상이 깜박 속아
아무런 의심도 없이 아이를 맡겼네

학교도 동사무소도 무심하긴 마찬가지
그 사이 배부른 늑대 편안히 낮잠 자도
그 흔한 불심검문도 당한 적 없대 한 번도

떨쳐낼 힘 갖기도 전 이름은 지워지고
멍 자국 걸린 구름에 암호처럼 남긴 안부
동화 속 아기 염소처럼 다시 올 수 없다네

초승달

차마
자르지 못한
손톱 끝
봉숭아 꽃물

언제
저리 멀리
마음 밖
날아올랐을까

사다리 타고 올라도
잡을 수 없네
내 사랑

해설

운문시대_13
자선시조

_ 여섯 가지 빛깔의 무지개

여섯 가지 빛깔의 무지개

황치복(문학평론가)

1. 〈운문시대〉, 그리고 여섯 가락의 하모니

〈운문시대〉는 울산의 시조시인들이 결성한 시조동인으로 우리나라에서 가장 활발한 활동을 보여주고 있는 시조동인이라고 할 수 있다. 그들은 2016년《운문시대》12집을 발간할 정도로 왕성한 창작 열정을 보여주고 있다. 동인들은《운문시대》제 12집 서문에서 스스로에게 '정형과 자유, 엄격과 파괴, 그 어디쯤에 있습니까'라고 물으며, 또한 '치열하되 서로 닮지 맙시다'라고 스스로에게 당부하고 있다. '정형과 자유, 엄격과 파괴'라는 모토 속에 동인들이 시조 형식에 대해 느끼는 매력과 새로운 실험정신의 열기를 느낄 수 있으며, '치열하되 서로 닮지 맙시다'라는 당부 속에서 그들이 지닌 고유한 개성과 독창적 발상을 지키고 발굴하고자 하는 열망을 느낄 수 있다.

실제로 2017년의 《운문시대》를 만들기 위해 출품한 작품들을 보아도 정형률을 충실히 따르면서 우리 고유의 가락을 실현하려는 시조 형식에 대한 존중과 그러한 형식을 오늘날의 시대에 맞게 갱신하려는 열정을 동시에 보여주고 있다. 또한 여섯 명의 동인들은 자신들만의 시적 발상과 상상력을 통해서 고유한 시적 개성을 보여주고 있었다. 열 편의 작품들을 보면, 그들이 추구하는 시적 대상에서부터 그것을 심미적으로 처리하는 방식, 그리고 그것을 통해 드러내는 삶에 대한 태도와 미적 가치에 이르기까지 다양한 영역에서 각각 이질적인 색채를 보여주고 있음을 확인할 수 있다. 시상을 전개하는 시인들의 섬세한 마음의 물결과 무늬까지 선명한 색채로 부조되고 있다. 그래서 '운문시대'의 동인지를 읽는 작업은 여섯 가지 색깔의 무지개를 보는 듯한 황홀경에 젖어들게 된다.

여섯 명의 동인들의 작품을 한데 모아놓고 읽어보니 3장 6구의 정형적 형식이라는 정해진 틀을 가지고도 이렇게 다양한 색깔을 빚어낼 수 있다는 사실을 새삼 확인하는 즐거움이 있다. 일찍이 가람이 언급한 것처럼 시조는 정형시定型詩가 아니라 정형시整形詩에 가까운 양식일지도 모른다는 생각을 하게 된다. 그리고 시조의 형식은 창작자들에게 구속이 아니라 자유일 수 있음을, 그리고 시조 창작이란 단순한 묵수墨守가 아니라 순간순간의 실험일 수 있음을 실감하게 된다. 그들의 개성적인 시조의 세계로 좀더 가까이 다가가 보자.

2. 생명과 에로티즘, 혹은 어울림의 생명

— 신춘희, 박미자의 시조 미학

신춘희 시인과 박미자 시인의 시조 작품들은 모두 생명에 대한 가치를 추구하는 경향을 지니고 있다. 하지만 신춘희 시인이 모성적 태도로 숨탄것들에 대한 애착과 애린愛隣의 시의식을 보여주고 있다면, 박미자의 시의식은 생명들이 엮어내는 아름다운 관계에 대한 예찬과 그것들의 파괴에 대한 안타까운 분노를 표출한다는 점에서 차이점을 지닌다. 신춘희 시인이 생명 그 자체가 발산하는 가치와 아름다움에 주목한다면, 박미자 시인은 생명들의 그물망이 엮어내는 아름다움에 주목하며, 그렇지 못한 현상에 대해서는 비판의 칼날을 들이대는 사회적이고 생태적인 시의식을 보여주고 있는 것이다.

생명이 지닌 가치에 주목하기에 신춘희 시인의 상상력은 모성적인 태도로 생명의 가치를 껴안고자 한다. 생명의 가치에 주목하고 그것을 존중하기에 시인은 생명에 대한 경외의 태도를 지니고 있으며, 생명의 신성한 속성에 대해서 주목하고자 하는 경향을 보인다. 신춘희 시인의 시조 작품 곳곳에 바둑알처럼 놓여 있는 관능적官能的인 감각에 대한 관심과 상상력은 그러한 생명적 가치에 참여하고자 하는 열망의 표현이며, 생명 탄생의 신비에 대한 관심의 반영이라고 할 수 있다. 다음 시에서 생명과 관능에 대한 시인의 시적 태도와 상상력을 확인할 수 있다.

> 마침내 난蘭이 봄을 맞기로 했나 보다
>
> 옷고름 푸는 소리 잠결에 듣는다
>
> 한순간 나의 오감도
>
> 곡선으로 휘인다
>
> — 신춘희, 「새벽에」 전문

3장 6구의 단시조에 풀리며, 휘는 관능적 이미지를 통해 생명의 고양된 감각이 절묘하게 표현되고 있다. 초장에는 초봄 새벽에 난의 꽃눈 트는 소리를 들으며, 관능에 젖어드는 시적 자아의 모습이 섬세하게 묘사되고 있다. '마침내'라든가 '봄을 맞기로 했나 보다'라는 표현은 생명의 잉태를 향한 '난蘭'의 결단을 보여주는데, 그러한 표현은 '난'이라는 의인화된 존재의 겨우내 굳게 닫혀 있던 마음과 굳어 있던 몸의 감각이 깨어남을 암시하고 있다. 이러한 해빙의 분위기로 인해서 이어지는 '옷고름 푸는 소리'라는 청각적 이미지는 더욱더 관능적 상상력을 자극하게 된다.

어슴푸레한 새벽에 난蘭이 연출하는 관능의 이미지에 시적 자아의 감각도 반응하게 된다. 이러한 정황을 시적 자아는 '한순간 나의 오감도 / 곡선으로 휘인다'고 묘사하고 있다. 난의 결단과 개방의 태도는 이심전심으로 시적 자아에게 전달되어 '오감'을 일시에 깨어나게 하는 것이다. 이처럼 난이 실행한 감각의 자각은 시적 자아의 감각의 깨어남으로 이어지는데, 그러한 감각은 어둠을 뚫고서 솟아나는 빛과 같은 것이며, 그러한 점에서 바로 생명의 감각이라 할 수 있다. 시적 자아가 그처럼 깨어난 감각을 '곡선'으로 묘사하고 있는 대목에서 이를 확인할 수 있는데, 곡선이말로 모든 부드러움의 표상이며, 여리고 연약한 것으로서의 생명의 심상이기 때문이다. 시인은 '곡선이 다스리는 / 무한대의 바다 위'(「북과 판소리」)라는 표현 등을 통해서 곡선이 무한한 생명의 표상임을 다시금 확인하고 있기도 하다. 직선과 대비되는 곡선으로 표상되는 생명은 여리고 연약한 속성을 내포하고 있지만, 그렇기 때문에 그것은 시적 자아의 모성을 자극하고 생명에 대한 애틋한 연민을 불러오게 된다. 다음 작품이 이를 잘 드러내준다.

넉살 좋은 아저씨 같은,
그 아저씨 웃음 같은,
시월의 햇살이 담벼락에 모여 있다
막걸리 한잔 했는지 얼굴이 불콰하다
지나온 날들과 맞이할 죽음 사이
쌓여 있는 적막을 바람이 빗질한다
뽀오얀 먼지 속에서 쿨럭이는 가랑잎
고추가 고샅에서 일광욕 즐기는 사이
애잔하고 여리고 아름다운 것들을
잠 속에 데려가려고

햇살은, 뒤척인다

— 신춘희, 「햇살을 읽는다」 전문

'시월의 햇살'은 기울어가는 가을날 오후에 "담벼락에 모여" 잔광殘光 같은 그 마지막 열기를 쏟아내고 있다. 담벼락에 모여서 반짝이는 시월의 '햇살'은 '잔광'과 같은 속성을 지니고 있다는 점에서 생명의 원리이기도 하지만, 죽음의 원리이기도 하다. 그것은 '지나온 날들과 맞이할 죽음 사이'에 위치하고 있다는 점에서 삶과 죽음을 주재하는 조물주이거나 절대자의 형상인 것이다. 시인은 '낙엽'을 보고서 '저것은 신의 작은 손수건'(「낙엽」)이라고 부르기도 하고, '금강錦江'을 보고서는 '신神, 하구河口로 어둠을 몰아가고'라고 하면서 자연 대상의 도처에서 신적 속성을 읽어내고 있다. 자연 속에서 깃든 신을 발견하는 것은 생명 현상의 원리로서 절대자의 존재를 자각하고 있기 때문일 터인데, 절대자란 삶뿐만 아니라 죽음을 주재한다는 점에서도 신성한 속성을 지닌다.

이 시에서 삶과 죽음의 모습을 동시에 지니고 있는 대상은 '가랑잎'이다. 바싹 마른 활엽수의 잎을 의미하는 가랑잎은 바싹 말랐다는 점에서 죽음을 내포하지만, '뽀오얀 먼지 속에서 쿨럭이'고 있다는 점에서 삶의 기척을 확인할 수도 있다. 시월의 햇살은 그러한 생명을 '잠 속에 데려가려고' 뒤척이고 있다. 시적 자아는 그처럼 죽음을 앞두고 있는 가랑잎을 '애잔하고 여리고 아름다운 것들'이라고 묘사한다. '애잔하고 여리고 아름다운 것'이라는 심상은 가랑잎으로 대표되는 모든 생명적 현상에 대한 시적 자아의 태도를 함축하고 있는데, 이러한 태도에서 우리는 모든 죽어가는 것으로서의 생명에 대해 모성적인 연민과 포용의 정신을 읽어낼 수 있다.

박미자 시인 또한 생명에 대한 관심으로 충만해 있는데, 시인의 시의식은 생명들이 엮어내는 관계의 그물망이 자아내는 가치에 대한 관심으로 경사되고 있다. 시인은 '금낭화'를 보고서 '떨림으로 다가오는'(「금낭화」) 사랑의 모습을 읽어내기도 하고, '짬봉'을 먹으면서 '헛헛한 가슴 채워줄 뜨끈함'(「짬봉」)을 그리워하기도 한다. 또한 '벽을 타고 오르'는 덩굴손을 보고는 '너와 나'의 '불신의 경계 / 허물려고 하는'(「방음벽」) 의지를 읽어내기도 하고, '대왕암 철책 난간 따닥따닥 붙은 자물통'을 보고서는 '마음 꼭꼭 묶'은 '진정한 만남'(「인연 자물쇠」)의 염원을 발견하기도 한다. 이러한 시적 관심과 태도는 간극과 경계를 넘어 존재자들이 서로 소통하고 공감하는 아름다운 세상에 대한 지향이 숨어 있다. 그래서 그러한 공감과 공존의 관계가 깨어진 장면은 시인에게 상심과 분노의 원천이 된다.

사나흘 멀쩡하게 햇발 좋던 하늘이
엇박자 일기예보 물 폭탄을 퍼붓는다
기왓골 수막새 슬픔 잠겨 가는 여름날

오색 기름띠로 일그러진 물 표면에

미동 없는 왜가리 제 모습 찾고 있다
얼씨구 웬 먹인가 싶어 완구 덥석 베어 문

천천히 움직이는 저 괴물 잡동사니
괴성 불쑥 내지르며 한입에 삼킬 것 같은
허옇게 배 뒤집힌 하구 거품이 게고 있다

일간지 부음 기사 강어귀에 걸쳐 있고
하늘 베고 눈뜬 물고기 갈대숲이 염을 한다
벗어 둔 구름 가운이 송신탑에 널릴 때

— 박미자, 「오색천 일지」 전문

'오색 기름띠' 가 냇물의 표면을 뒤덮고, 왜가리가 장난감을 '덥석 베어' 물고 있는 풍경은 전혀 아름답지 않다. 그것은 강과 왜가리, 그리고 인간과 자연이 '엇박자'를 보이는 장면이며, 이러한 엇박자를 시적 자아는 '괴물 잡동사니', '괴성' 등의 기괴한 용어들을 동원해 강조하고 있다. 그러한 비정상적이고 일그러진 관계는 '허옇게 배 뒤집힌 하구'라는 표현을 통해서 적절히 형상화되고 있다. '상선약수上善若水'라는 노자老子의 경구를 떠올려 볼 때, 이처럼 뒤집힌 '물'의 형상은 세상의 관계망들이 어그러져 있어서 모든 존재자들이 서로 올바른 관계를 맺지 못하고 소외되어 있는 현상을 암시하고 있다.

일그러지고 기괴한 형상을 지닌 '오색천'의 모습을 생명의 향연이 펼쳐지는 물의 모습이 아니라 죽음의 횡행하는 모습을 보여준다. 작품의 마지막 장면에서 '부음 기사'라든가 '염' 등의 어휘, 그리고 수의壽衣를 연상케 하는 '벗어 둔 구름 가운' 등의 구절들은 오색천에 만연한 죽음의 기운을 시사하고 있다. '하늘 베고 눈뜬 물고기'의 이미지는 그러한 죽음의 구체적 형상일 것이다. 이러한 표현에는 삶을 허용하지 않는 '썩은 물'을 암시하고 있는데, 그러한 물은 조화로운 관계가 파괴된 황폐화된 생태계의 토대를 표상하고 있다. 상황이 이러하기에 시적 자아가 '생명의 물'을 그리워하는 것은 당연한 일이다.

햇빛 한 동이 찰랑찰랑 머리에 이고 오던
그 길에 삽살개도 촐랑촐랑 따라오던
상아빛 감꽃 몇 톨이 우물 속에 떨어지던

어울림 그곳에는 소문 분분했다
깊이를 잴 수 없는 말들을 퍼 날라도
언제나 웃음 자잘한 소통의 창구였다

우물 속 청소하고 바닥에 깔았던 숯
나쁜 기운 걷어내고 말개진 참새미에
달님도 심심할 때는 물맛 보러 오곤 했다

— 박미자, 「우물에 대한 단상」 전문

시적 대상이 되고 있는 차고 맑고, 마르지 않는 샘물이라는 뜻을 지닌 '참새미'는 세계의 온갖 존재자들이 참여하여 아름다운 하모니를 연주하는 하나의 작은 우주라고 할 수 있다. 거기에는 햇빛이 찰랑거리고, '상아빛 감꽃'이 떨어져 유영하고 있다. '나쁜 기운 걸어내고' 맑고 깨끗함을 유지하기 위해서 '숯'이 바닥에서 정화작용을 하고 있다, 그곳으로는 동네의 삽살개도 모여들고, '달님도 심심할 때는 물맛'을 보러 방문하기도 한다. 이처럼 세계를 구성하는 존재자들이 서로 참여하여 하나의 우주를 구성하고 있는데, 시적 자아는 이러한 세계를 '어울림'이라는 한 마디로 표현해 내고 있다.

햇빛과 감꽃과 삽살개, 그리고 달님이 참여하여 이루는 세계, 그리고 그곳에 공동체의 구성원들이 참여하여 '소통'을 이루는 세계는 아름다운 화음和音이 울려퍼지는 조화로운 소우주라고 할 수 있다. 그러나 그러한 세계는 이제 어디에서도 찾아보기 어렵다. 그것은 '잃어버린 낙원'으로서 유토피아utopia, 혹은 이상향理想鄕과 같은 것이다. 모든 존재자들이 서로 교감하며 관계망을 형성하던 신화와 같은 세계에 속하는 것이다. 그러기에 그곳에는 '깊이를 잴 수 없는 말들'이 자리잡고 있다. 그곳은 우리네 삶이 비롯되던 신화시대의 아름다운 설화를 간직하고 있는 하나의 원형적 심상을 제공하고 있는 것이다. 박미자 시인은 생명의 그물망을 통해서 조화로운 공동체의 이상을 찾아가고 있다.

3. 태고의 자연, 혹은 구도의 자연

— 김병환, 김종렬의 시조 미학

김병환과 김종렬은 자연을 주요한 시적 대상으로 삼고 있다. 그들의 시조 창작은 자연이 지니고 있는 다양한 가치와 의미를 탐구하는 데에 주요한 목적을 두고 있는 것처럼 보인다. 하지만 자연에 대한 접근방식과 태도는 조금 이질적인 면을 가지고 있는데, 김병환이 자연 속에 깃든 시간의 의미에 대해서 천착하고 있다면, 김종렬은 자연에 깃든 종교적 함의를 발견하려고 하고 있다.

김병환의 작품들에는 대부분 시간이 그려내는 무늬에 대한 관심이 투영되어 있다. 시인은 '무영탑'을 보면서 '한 천년 다시 눈을 감으면 영지 다시 달이 뜰까'(「무영탑」)라고 하면서 천년의 시간을 음미하기도 하고, 들녘의 '갈까마귀'를 보면서 '풍년제'(「떼까마귀, 갈까마귀」)를 올리던 아득한 전근대의 시절을 회고하기도 한다. 또한 그는 느티나무가 있는 교정의 운동장을 보면서 '은빛 굴렁쇠를 굴리면서 달'리던(「느티나무가 있는 풍경」) 유년 시절을 떠올리기도 하고, 추위가 가시지 않은 이른 봄날 '꽃잎이 세상 여는 길'을 상상하면서 '하로롱 내 유년의 봄날'(「은유로 피는 꽃」)을 떠올리기도 한다. 이처럼 김병환의 시의식은 자연물 속에 함축되어 있는 시간의 결을 음미하면서 그것이 자아내는 정서와 가치에 대해 사유하는 경향을 보여주고 있는데, 다음 작품이 이러한 경향을 대변해주고 있다.

우물가 달빛 길어 몇 동이 져 나르던
삼대 째 조상 섬기듯 써 내려온 내력들은
새벽길 부연 기억 속 빈 갈증만 적셔 낸다

결마다 곰삭아 든 균열 진 나무 등걸
유년의 그늘 되어 빈자리 내주더니
짙푸른 고향의 향기 바람결에 실려 간다

학처럼 야윈 가지 옹이 박혀 내려앉고
저문 날 우듬지에 까치놀이 걸려 울면
날렵한 묵필 한 획을 그어 대는 동구 밖

— 김병환, 「회화나무 단상」 전문

'회화나무' 한 그루를 두고서 이처럼 유정한 사유를 펼치는 것은 그것이 시적 자아의 '유년'과 관련되어 있으며, 유년의 '고향'과 관련되어 있기 때문이다. '삼대 째 조상 섬기듯 써 내려온 내력들'이라는 표현이나 '결마다 곰삭아 근 균열 진 나무 등걸'이라는 표현은 회화나무에 나이테처럼 겹겹이 쌓인 시간의 무게가 결코 만만치 않음을 시사해 준다. 회화나무에 새겨진 '삼대'의 시간이라든가 '곰삭'은 나뭇결, 그리고 나무 등걸에 파인 '균열' 등은 시간의 무늬라고 할 수 있으며, 따라서 회화나무는 시간의 살아 있는 형상인 셈이다. 화석처럼 시간의 흔적을 켜켜이 쌓아놓고 있는 회화나무이기에 그것은 어떤 성스러움과 기품 등을 자아내는 아우라를 지니고 있다.

하지만 회화나무도 생명이기에 시간의 무게를 언제까지 감당할 수는 없다. '학처럼 야윈 가지'라든가 그 가지에 박힌 '옹이' 등은 시간의 무게를 감당할 수 없어 서서히 무너져 가는 회화나무의 힘겨운 이승의 나날을 함축하고 있다. 그리고 '저문 날 우듬지'에 걸리는 '까치놀'은 석양의 노을처럼 회화나무의 종말이 임박해 있음을 암시해 준다. 하지만 회화나무가 있는 동네의 동구 밖에서 저물녘이면 생겨나는 '날렵한 묵필 한 획'은 회화나무가 이승에 있든 없든 한편의 수묵화처럼, 혹은 추사의 '세한도'처럼 아름다운 예술품과 같은 존재로 기억될 것이라는 사실을 함축하고 있다. 회화나무가 한 편의 예술품이 될 수 있었던 것은 그 많은 밤과 낮, 여름과 겨울을 이겨내고 세월의 더깨를 자신의 몸에 쌓아놓았기 때문일텐데, 그렇다면 결국 시간은 예술적 기품의 원천이 되는 셈이다. 김병환의 시간에 대한 관심과 그것의 형상화는 다음 작품에서 한 절정에 도달한다.

> 아직 처녀막을 잃지 않은 자궁 같은
> 나직나직 귀엣말로 어깨동무한 무제치 늪
> 누구도 범하지 마라 동화나라 손짓을
>
> 물방개 소금쟁이 물매화 애기나리
> 반 평 하늘 열어 놓고 세월조차 붙잡아 두고

작지만 저만의 삶을 가꿔 가고 있었다

풀섶엔 꼬막 날갯짓 노랑나비 팔랑대며
동동동 물잠자리도 갔던 길 되돌아 날고
산빛을 쓸어 넘기는 참억새도 흔들린

— 김병환, 「무제치늪」 전문

'아직 처녀막을 잃지 않은 자궁'이라는 표현은 '무제치늪'의 생명력을 표현하기 위한 것이기도 하지만, 시간의 두께를 강조하기 위한 것이기도 하다. 이러한 표현은 원시림과 같은 야생적 생명력을 표상하기도 하지만, 인간의 문명이 비롯되기 전의 어떤 시원始原의 시간을 내포하고 있기 때문이다. 시적 자아가 그러한 '늪'에 대해서 '동화나라 손짓'이라는 은유를 부여하는가 하면, '누구도 범하지 마라'라고 외치며 강한 애착을 보이는 것은 그처럼 순결하고 깨끗한 원초적 모습을 보존하고 싶은 열망 때문이리라.

그런데 '무제치늪'이 소중한 것은 단순히 원시적 시간을 함축하고 있기 때문만은 아니다. 그것이 소중한 것으로 수용되는 것은 원시적인 형태의 생태계의 고리와 삶의 방식이 그대로 보존되어 있다는 점 때문이다. 시적 구도에 의하면 무제치늪에는 물방개와 소금쟁이, 물매화와 애기나리, 그리고 꼬막과 노랑나비, 물잠자리, 참억새 등의 다양한 생명들이 '작지만 저만의 삶을 가꿔 가고 있'다. 무제치늪은 생명체들이 자신들의 삶의 방식대로 생명 현상을 영위하고 있는데, 그러한 삶의 방식을 견지하는 것은 아마도 인간의 간섭이나 방해에 의해 일그러지거나 왜곡되지 않고 자신의 본성을 고스란히 보존해왔기 때문이다. 김병환은 '무제치늪'을 통해서 순결한 시간의 모습을 확인하고, 그 시간의 품안에서 맑고 깨끗하게 자신들의 본성을 실현하면서 살아가는 생명들의 아름다운 하모니를 발견하고 있다.

김종렬은 자연을 자연 그 자체로 보지 않고 거기에 새겨진 인간의 길을 보고 있다. 좀더 정확히 말하면, 자연이 어떤 이미지나 메시지를 통해서 시사하고 있는 인간의 길을 보고 있다고 할 수 있다. 자연에 대한 이러한 태도는 종교적, 혹은 윤리적인 태도라고 할 수 있는데, 자연을 통해서 인간의 올바른 길을 탐구하고자 한다는 점에서 그것은 종교적, 윤리적 충동을 전제하고 있기 때문이다. 자연을 통해서 인간의 도道를 발견하려고 한다는 점에서 김종렬의 자연에 대한 태도는 전통적인 성리학적 자연관에 속한다고 평가할 수 있다.

그는 찌개용 갈치를 보면서도 '죽어서 더 향기로운 식탁위의 갈치'라고 하면서 갈치의 향기를 음미하기도 하고, '나도 우려낼 그 무엇이 남아 있을까 / 접시 위의 네 뼈처럼 고요할 수 있을까'라고 하면서 갈치를 통해 자신의 삶을 성찰하면서 올바른 삶의 자세를 가다듬기도 한다. 그가 달팽이처럼 '질퍽한 시장 바닥을 배로 밀던 사내'(「달팽이」)를 떠올리면서 도덕적 죄책감을 토로한다든가, '정녕 이 땅에도 봄은 오고 있는가'(「망각의 늪」)라고 절규하면서 세월호의 참사를 애도하는 것은 그의 시적 경향을 보면 당연한 현상일 것이다. 윤리적, 종교적 구도求道의 시적 충동이 그의 시의식를 지배하고 있기 때문이다.

숲길을 배회하다 그를 또 만났다
족히 한나절을 거듭했을 오체투지
여름내 날씨만 탓한 내가 언뜻 보였다

허리 한번 펼 수 없는 천형도 모자라
또 무슨 까닭 있어 고행을 자청한 걸까
길 없는, 길 찾아 나선 저 화엄의 눈부심

피안에 닿는 길이 저보다 경건할까
가만 눈 감으면 천 갈래 만 갈래 길
초저녁 염불소리에 산도 성큼 내려앉다

— 김종렬, 「자벌레」 전문

접었다 폈다를 반복하면서 나뭇잎 사이를 오가는 '자벌레'의 모습을 시적 자아는 '오체투지'로 해석하는 데, 이러한 해석에는 자연을 통해서 윤리적 함의를 읽어내려는 시인의 시의식이 투영되어 있다. 자벌레의 오체투지에 이어 곧장 '여름내 날씨만 탓한 나'의 모습을 대비하면서 자신의 나태하고 연약한 윤리적 태도를 반성하고 있는 대목에서 그러한 경향이 다시금 확인된다. '천형'이라든가 '고행' 등의 시어들이 자벌레의 구도의 자세를 표상하고 있는데, '길 없는, 길 찾아 나선 저 화엄의 눈부심'이라는 표현이 자벌레를 통해서 투영하는 시적 자아의 종교적 열망을 대변해주고 있다.

결국 시적 자아가 자벌레를 통해서 읽어내는 것은 '길'에 대한 열망이며, 이러한 열망은 곧 시적 자아의 열망이기도 할 것이다. 이 시의 시적 공간은 수많은 길로 가득 차 있는데, 그 길들은 인간의 길이자 구원의 길을 암시하고 있다. 즉 이 시에는 '숲길'이 등장하고, '피안에 닿는 길', '길 없는 길', '천 갈래 만 갈래 길' 등 수많은 길들이 놓여 있다. 세상에는 수많은 길이 있기 있기에 올바른 길을 찾는 것이 어려울지 모른다. 그래서 자벌레와 같이 오체투지의 고행이 필요하고, 길 없는 길을 찾아나서는 수행이 필요할 것이다. 중요한 것은 그러한 길 없는 길을 찾는 과정을 작은 미물인 '자벌레'가 구현하고 있다는 점이다.

간밤에 비바람이 제법 거셌나보다
별일 없느냐며 물어오는 안부전화
초막이 남들 눈에도 허술해 보였나보다

하지만 벗이여, 이 남루가 난 좋다네
바람보다 먼저 펄럭이는 지붕하며
빗소리 가신 뒤에도 멈추지 않는 여운하며

행여 못 미더우면 볕 좋은 날 오시게

산그늘 바람 몇 장 기꺼이 내어줌세

부엉이 울음소리와 별 한 줌은 덤일세

— 김종렬, 「빈락貧樂」 전문

「논어論語」「옹야편雍也篇」에서 공자가 안회顔回를 칭찬하여 '어질도다, 안회여. 한 소쿠리의 밥과 한 표주박의 물로 누추한 곳에 거처하며 산다면, 다른 사람은 그 근심을 견디어내지 못하거늘 안회는 즐거움을 잃지 않는구나. 어질도다 안회여賢哉回也 一簞食一瓢飮在陋巷 人不堪其憂 回也不改其樂 賢哉回也.'라고 했던 대목을 연상케 하는 시조이다. 김종렬도 안회처럼 초막의 남루를 남루로 보지 않고, 그 속에서 유유자적悠悠自適 하며, 맑고 깨끗한 가난을 즐기는 삶의 태도를 보여주는데, 이러한 윤리적 지향이 김종렬 시인의 시조에 심미적 원천으로서의 동력을 제공하고 있다.

시적 자아가 가난을 진정으로 즐길 수 있는 것은 자연 때문이다. 이 작품에서 알 수 있듯이, 허술한 초막은 바람의 펄럭임을 느낄 수 있도록 해주며, 빗소리의 여운, 그 여백의 운치를 느낄 수 있도록 해준다. 뿐만 아니라 초막은 '산그늘 바람 몇 장'과 '부엉이 울음소리', 그리고 '별 한 줌'을 소유할 수 있도록 해준다. '무소유'에서 오는 풍요로움을 자연의 아름다움을 통해서 만끽하고 있는 셈인데, 이러한 자연의 풍성한 심미적 효과를 감각할 수 있기에 가난을 즐길 수 있는 것이다. 김종렬의 시조는 전근대의 우리 조상이 완상했던 자연의 그윽함으로 우리를 인도하고 있다.

4. 실험과 파격, 혹은 설화와 고고학의 세계
— 손상철, 김종연의 시조미학

《운문시대》 동인 중에서 손상철은 가장 파격적인 시조 작품을 통해서 시조가 추구할 수 있는 실험의 극한을 시험하고 있다. 손상철의 형식적 실험은 단순히 형식적 실험에 그치지 않는다. 그의 시의식은 현대사회의 부조리에 대한 비판의식으로 충만해 있으며, 어찌 보면 현대문명 그 자체에 대한 날카로운 비판의식으로 무장해 있다. 손상철의 시조 창작을 보면, 과연 시조가 현대시로서 화려하게 부활했다는 것을 실감할 수 있으며, 시조가 첨단적인 현대사회의 복잡한 구조와 거기에서 유래하는 입체적인 정서를 담아내는 그릇으로서 손색이 없음을 확인할 수 있다. 물론 이처럼 현대시조가 꿈틀거리며 살아 있는 듯한 형상을 보일 수 있는 것은 시인의 깨어 있으려는 날카로운 시정신 때문이라고 할 만하다.

시인의 시의식에서 가장 중요한 것은 자본주의의 심화로 인한 사물화 현상, 혹은 물신화 현상이라고 할 수 있다. 모든 교환이 등가의 법칙에 의해 이루어지는데, 인격 또한 그것이 지닌 상품화의 능력으로 인한다는 것, 즉 인격과 감정을 포함한 모든 가치들이 시장을 매개로 하는 교환가치에 의해 이루어진다는 점이다. 손상철의 관점에서 보면 '도시의 길은 참 많'지만 '상점마다 팔리는 길'이 가장 중요한 길이며, '믿을 것은 가격'만이 있는 그러한 길이다.(「21C.세상이란.co.kr 3」) 상품이 지나가는 길, 그리하여 이윤과 효율성을 창출하는 길만이 도시를 지배하는 유일한 길이라는 인식을 표출하고 있는 셈이다.

손상철이 보기에 이러한 교환가치가 지배하는 사회의 극단에서는 남편과 아내가 계약에 의해서 거래되고, 아이들이 자판기에서 판매되는 그러한 시대가 도래할지도 모른다.

「아이 — 자판기101」에서 그러한 디스토피아와 같은 미래의 사회가 상상적으로 구축되고 있는데, 거기에서는 모든 것이 상품과 같이 취급되고, 교환되고 거래되고 있다. 즉 남편과 아내는 '부부계약'을 통해서 그 관계를 형성하고, 심지어 남편은 '새 아내를 사'기도 한다. 아이는 자판기에서 판매되기 위해서 '재고창고'에 쌓여서 '3년째 놀고 있다.' 아내는 '키와 가슴을 키우'기 위해서 '대출까지 받'기도 한다. 모든 것이 상품으로서 이윤을 창출할 수 있는 능력으로 평가받기에 그러한 상품으로서의 가치를 상실한 사람은 사회에서 낙오자가 된다. 손상철이 많은 작품에서 그리고 있는 「노숙자」의 모습은 상품으로서의 길을 걷는 자본주의 사회가 보여주는 정글의 모습을 적나라하게 부조하면서, 인간성 파괴의 현장을 고발하고 있다. 손상철의 시조 작품들은 시인의 의식세계에서 펼쳐지는 이러한 미래의 디스토피아로써 자본주의의 묵시록을 보여준다는 점에서 비판의식의 첨단을 보여준다고 평가할 수 있다.

복사기에 또 하루의 시간들이
복
사
되
고
있
다
누군가 또 자신의 그림자를
잃
어
버
리
고

퇴근길 복사 중에 걸린 또 한 장의 저 얼굴

— 손상철, 「21C. 거리에 사람이 없다 1」 전문

「기술복제시대의 예술」이라는 글에서 발터 벤야민은 예술품들을 대량으로 복제할 수 있게 되면서, 예술품들은 그들의 가질 수 있는 고유한 일회적 현존성으로서의 아우라를 상실하게 되었다고 분석한 바 있다. 사람의 손에 의해서 탄생되던 예술품이 기계의 힘을 통해 대량으로 복제됨으로써 예술품은 그 고유한 기품과 유일한 존재로서의 가치를 잃어버리고, 상품으로 전락하게 되었다는 것이다. 손상철의 이 시조 작품은 벤야민의 이러한 발상에서 한 발짝 더 나아가 인간 자체가 복제되는 현대사회의 모습을 고발하고 있다. '나인 투 식스nine-to-six'라는 천편일률적인 일상을 살아가는 현대인들은 개성을 상실하고 복제된 삶을 살아가는 복제된 인간인지도 모른다. 그의 하루는 매일 매일 반복되는 일상이기에 복사기에 복사된 '또 하루의 시간들'일지도 모르는 것이다.

그런데 이러한 복제된 일상을 살아가는 현대인들은 자신의 개성과 정체성, 그리고 자의식과 무의식 같은 존재자를 형성하는 음영陰影을 잃어버리고 살아간다는 점에서 문제점을 발견할 수 있다. 일상을 반복하는 현대인들은 자신을 되돌아보거나 성찰할 여유를 확보할 수 없으며, 그로 인해서 기계처럼 프로그로밍된 하루를 살아낼 뿐이다. 이러한 현대인의 삶은 '자신의 그림자를 잃어버리고' 살아가는 평면적 인간이라고 할 수 있을 것이다. 시적 자아가 주목하는 것은 바로 이와 같이 자신의 자의식과 무의식, 개성과 정체성을 잃어버리고 찍어낸 상품처럼 살아가는 현대인들의 평면적이고 단조로운 삶인 셈이다. 그러한 삶에서 입체적인 전인적인 인격성을 발견하기는 어려울 것이다. 시적 자아는 이러한 현상에 대해서 21세기에는 '거리에 사람이 없다'고 비판하고 있다.

정확히 불러주세요

내 이름 석 자만이라도

딸린 식구가 있으니
사용 시 주의사항은
가격은 물론 없습니다
목구멍이 포도청이니
참겠습니다
잦은 구타도
손상이 없는
인격에
돌 수 있는 시계로
25시간 언제든지
몸덩이는
안 해본 일 없는
이 세상
몸은 즉시 팔 수 있음
마음만 남겨둔다면
한 끼 죽으로도 족함
굶지 않는다면
배고픔을 알고
가난한 집 장남이라
67년産

— 손상철, 「21C. 도시주식회사.co.kr 1」 전문

이 작품도 인간의 상품화 현상을 비판하고 있는데, 인쇄 활

자의 차별을 활용하는 형태주의形態主義, formalism적 기법을 활용하고 있다. 포멀리즘적 기법은 「21C. 거리에 사람이 없다 1」는 작품에서도 활용되고 있지만, 이러한 기법을 파편적이고 불연속적이며, 돌발적이고 불균형적인 현대인의 삶과 의식에 대한 하나의 표상이라고 할 수 있을 것이다.

인력시장, 저를 사주세요」라는 작품에서도 포멀리즘적 기법을 통해서 이러한 효과를 달성하고 있기도 하다. 굵은 글자로 인쇄된 '정확히 불러주세요', '몸은 즉시 팔수 있음', '참겠습니다' 등의 구절들은 자신을 상품으로 기꺼이 판매하겠다는 메시지를 부각시킴으로써 그것을 강요하는 비정한 사회의 구조를 드러내고, 그러한 사회구조에 의해 비인간적 삶을 수용해야 하는 현실에 대한 강한 비판의식을 강조하고 있다.

더욱 중요한 것은 시상의 전개를 거꾸로 배치함으로써 현대사회의 어떤 전도된 가치관과 사회구조를 풍자하고 있다는 점이다. 제목이 시의 가장 마지막에 제시되고, 시상은 그러한 제목 다음부터 거꾸로 올라오면서 전개된다. 그런데 독자들은 그러한 시상과 정반대로 시상의 마지막부터 읽게 되는데, 그로 인해서 의미의 혼란과 불통의 불편함을 경험하게 된다. 물론 시인은 이러한 효과를 의도적으로 노렸다고 볼 수 있는데, 그러한 독서로 인해서 우리는 '도시주식회사'에 의해 운영되는 21세기의 '인력시장'이 문장과 문법으로 규정되는 한 사회의 소통과 규범에서 얼마나 뒤틀린 일탈과 괴변의 논리에 기반을 두고 있는지를 깨닫게 된다. 특히 시의 첫 구절(시적 논리 구조에서는 마지막에 해당된다)에서 강조하고 있는 '정확히 불러 주세요 / 내 이름 석 자만이라도'라는 표현은 그러한 일탈과 모순으로 점철된 사회구조에서 최소한의 인간적 조건을 위한 절규라는 점에서 그 비극적 효과는 극대화된다. 손상철의 파격과 실험은 현대시조가 보여줄 수 있는 극한이라는 점에서 소중한 자산이라고 할 수 있으며, 현대시조의 가능성을 타진하려고 할 경우 하나의 참조점 역할을 할 것으로 판단된다.

김종연의 시조 작품들은 손상철의 작품처럼 극단적인 실험정신으로 충만해 있지는 않지만, 고고학적 상상력과 설화의 도입을 통한 시조의 갱신을 통해서 또 다른 측면에서 현대시조의 실험정신을 대변해준다. 주로 당대의 세태를 풍자하거나 시대적 감각을 노래했던 시절가조時節歌調로서의 시조가 현대시조로 와서 화석과 같은 역사적 과거를 발굴하고, 거기에 이야기를 덧씌움으로 해서 서사적 시조의 가능성까지 타진하고 있기 때문이다.

김종연은 동학혁명의 역사의 현장을 찾아서 '묵묵함 그 깊은 골에서 뒤척이는 숱한 시간'을 음미하면서 그 시간에 '훈장을 달아주고 싶다'(「동학혁명 기념관에서」)고 고백하기도 하고, 유관순 열사의 묘지를 찾아서 '가끔씩 천둥 번개 찾아와 우리 대신 곡을 하네'(「초혼묘」)라고 표현하면서 한 의로운 소녀의 혼을 위로하기도 한다. 또한 시인은 '지산리 고분 44호분'을 찾아서 '피지 못한 꽃 몽우리 1500여 년 잠든 동안'을 사유하면서 그 유장한 시간과 그 시간 동안 한을 삭혔을 잊혀진 대가야의

설움을 상상하기도 한다. 역사의 현장을 찾아 역사적 인물이나 장소의 의미를 찾고자 하는 것을 역사적 상상력이라 부르고, 화석을 발굴하듯이 수천년의 시간을 담고 있는 고분이나 유물들에 대한 관심을 우리는 고고학적 상상력이라 부르거니와 김종연의 시조 작품들은 이러한 상상력에 심한 경사를 보이고 있는 것이다.

그림 속 정물처럼 700년을 살았습니다
그댈 부른 손짓 몸짓 메아리로 돌아오면
엇박자 연가 되어서 눈물 달고 선 하루

10년만, 아니 100년만 당신 기다릴 테야
하루에도 수천 번 접은 마음 허물어지고
오감은 여닫은 자리 멍울진 바람希들만

그의 꽃이 되고 싶다. 의미가 되고 싶다
시간을 넘고 넘어온 주문이 된 기도 한 줄
천지가 숨을 참는다. 늦은 응답 미안해서

— 김종연, 「아라홍연」 전문

'아라홍연'은 경남의 함안이 옛 아라가야의 터전이었는데, 이곳에서 싹을 틔워 꽃을 피웠기에 붙여진 연꽃에 대한 명칭인데, 거기에는 700년의 시간을 뛰어넘는 역사적 사건이 숨어 있다. 2009년 5월 경남 함안군의 성산산성의 연못터를 발굴하던 중에 진흙층에서 목간이 발견되었는데, 여기에서 연꽃 씨앗 10여알이 발굴되었다. 이 씨앗은 약 700년 전 고려시대의 연꽃 씨앗인 것으로 확인되었는데, 그 종자를 발아시킨 결과 세 알에서 싹을 틔워 지금의 아라홍연이 탄생하게 되었다고 한다. 이 시조 작품은 700년의 시간을 뛰어넘어 현재의 시간에 부활한 아라홍연 꽃이 700여년의 시간을 통과하면서 겪었을 발아의 기대와 좌절, 그리고 그 긴 시간 동안의 기다림을 상상적으로 재구성하고 있는 작품이다.

시적 자아는 '그림 속 정물처럼 700년을' 살아온 아라홍연의 씨앗이 '하루에도 수천 번' 발아의 희망과 좌절 사이를 오고 갔을 그 '마음'의 파문을 읽어내려 한다. 아라홍연의 씨앗이 700년의 시간을 통과하면서 하루에도 수천 번 기대와 희망의 문을 '여닫'았을 것을 생각하면 그 막막함과 아득함에 할 말을 잃게 된다. 하나의 '꽃'이 되고 싶고, '의미'가 되고 싶은 간절한 실존적 소망이 700년의 시간을 뛰어넘어 현재의 시간에 이루어졌을 때의 아라홍연이 느꼈을 해원解冤의 심리적 드라마는 얼마나 극적이었을 것인가? 시적 자아는 이러한 극적인 상황을 '천지가 숨을 참는다'고 표현하고 있는데, 개벽開闢과 같은 아라홍연의 발아 현상을 이처럼 적절히 표현하기도 어려울 것이다. 이 시조 작품에서 또 하나 주목되는 점은 설화의 도입이라고 할 수 있다. 상상력을 통해 재구성되는 아라홍연의 발화 과정이 한 편의 서사를 구성하고 있는 것이다. 이야기시로서의 특징을 지니고 있는 셈인데, 이러한 특징은 다음 작품에서 더욱 선명히 드러난다.

> 포위망 좁혀오듯 어둠 몰려오면
> 댓돌 위 신발 두 켤레 숨소리 들릴 듯 말 듯
> 산중엔 어제도 오늘도 함박눈만 내린다
>
> 불빛도 눈빛도 난분분 흩어지던 그 밤
> 차마 흐르지 못한 정 숫눈처럼 쌓여가고
> 명치끝 실금 가는 소리 눈발 속에 묻힌다
>
> 적막을 짊어지고 등보이며 앉은 사람
> 함께일 수는 있어도 한 몸이 될 수는 없어
> 탑 속에 혼을 누이고 천년을 마주 서 있다

— 김종연, 「남매탑 이야기」 전문

한 스님이 호랑이 목에 걸린 비녀를 빼주었는데 그 호랑이가 보답으로 처녀를 산 채로 물어다 주었다. 혼인을 할 수 없던 스님은 처녀와 남매를 이루고 평생 함께 살면서 도를 닦았다고 한다. 훗날 사람들이 그들의 덕을 기려 세운 탑이 남매탑이라고 한다. 이 시조 작품은 전해 내려오는 계룡산의 남매탑에 얽힌 이러한 이야기를 소재로 해서 한편의 이야기 시조를 완성하고 있다. 작품의 구조가 현재의 시제를 중심으로 전개되는 서사와 묘사로 인해서 남매탑의 전설은 현재에 발생하고 있는 사건처럼 현장감과 생동감을 지니게 된다. 이러한 이야기의 전개를 통해서 시인이 가장 공을 들이고 있는 것은 역시 인물들의 내면풍경이다.

'포위망 좁혀 오듯 어둠 몰려오면'이라는 자연 풍경의 묘사도 단순히 자연 풍경의 묘사에 그치지 않는다. 그것은 불도를 닦는 스님과 은혜를 입은 처녀의 급박한 심리적 전개와 갈등의 증폭에 대한 내면적 묘사적 효과도 동시에 달성하고 있다. '산중엔 어제도 오늘도 함박눈만 내린다'는 표현 또한 단순히 눈 내리는 풍경의 묘사에 그치지 않고, 어떤 해결책이나 결단도 찾지 못하고 전전긍긍하는 막막한 심리 상태를 암시하고 있다. 절간에 쌓이는 '숫눈'이라든가 '명치끝 실금 가는 소리' 또한 순결한 그들의 마음결과 이룰 수 없는 사랑에 대한 회한 등의 심리적 모습을 환기한다. 김종연 시인은 이처럼 고고학적 상상력과 역사적 상상력을 발휘하여 새로운 서사敍事를 구축함으로써 현대시조의 이야기성을 실험하고 있다는 점에서 손상철 시인의 실험정신과 다른 층위의 도전과 모험을 보여준다고 하겠다.

5. '따로' 또 '함께'

〈운문시대〉로 활동하고 있는 여섯 시인들의 작품들을 읽어 보았다. 여섯 시인 모두 매력적이고 개성적인 발상과 표현을 보여주고 있다는 점에서 이들이 펴내는《운문시대》는 여섯 개의 빛깔이 빚어내는 무지개라고 할 만하다. 그들의 색채는 전통적 시조의 발상과 문법을 이어받고 계승하려는 의지를 보여주는가 하면, 현대시로서의 시조를 위해서 실험하고 갱신하는 도전과 모험을 시도하는 등 매우 다양한 스펙트럼을 보인다. 시조의 발전과 현대시로서의 시조의 위상을 위해서 모두 가치 있는 행보라고 할 수 있을 것이다. 〈운문시대〉 동인들이 각자가 지닌 개성들을 보존하고 더욱 특화시키면서도 동인으로서의 하모니를 이룰 수 있기를 소망해 본다.

시조동인 〈운문시대〉 연혁

2003년 3월_ 울산 최초의 시조동인 〈운문시대〉 창립. 창립동인 신춘희, 김병환, 김조수, 김종렬, 손상철, 임석, 이영필, 임성화.

2005년 4월 29일_ 동인지 《운문시대》 창간호를 발간하여 2016년까지 총 12집 발간.

2017년 6월_ 현재 활동동인 김병환, 김종렬, 김종연, 박미자, 손상철, 신춘희.

동인지《운문시대》발간_ 2005 ~ 2017

제 1집 발간_ 동학사. 2005. 4. 29.

작품 발표_ 김병환, 김조수, 김종렬, 손상철, 신춘희, 이영필, 임석, 임성화(1인당 신작 10편, 총 80편)

작품 해설_ 여덟 음계의 개성과 화음(박시교, 시인)

제 2집 발간_ 고요아침. 2006. 5. 4.

작품 발표_ 김병환, 김조수, 김종렬, 손상철, 신춘희, 이영필, 임석, 임성화(1인당 신작 10편, 총 80편)

작품 해설_ 삶의 다양한 변주(이지엽, 시인)

제 3집 발간_ 동학사. 2007. 11. 5.

작품 발표_ 김병환, 김종렬, 손상철, 신춘희, 이영필, 임성화(1인당 신작 10편, 총 60편)

작품 해설_ 지역적 특수성과 보편성의 조화(정수자, 시인)

제 4집 발간_ 동학사. 2008. 12. 25.
작품 발표_ 김병환, 김종렬, 손상철, 신춘희, 이영필, 임석, 임성화(1인당 신작 10편, 총 70편)
작품 해설_ 홀로 더욱 빛나는 영혼의 노래들(이정환, 시인)

제 5집 《時調에 길을 묻다》 발간_ 동학사. 2009. 10. 31.
작품 발표_ 김병환, 김종렬, 손상철, 신춘희, 이영필, 임석, 임성화, 김조수(1인당 신작 10편, 총 80편)

제 6집 발간_ 동학사. 2010 6. 18.
작품 발표_ 김병환, 김종렬, 박미자, 손상철, 신춘희, 이영필, 임성화, 조경애(1인당 신작 10편, 총 80편)
작품 해설_ 언어의 유랑시대에서 만난 성찰과 자각의 목소리(권갑하, 시인)

제 7집 발간_ 동학사. 2011. 6. 11.
작품 발표_ 김병환, 김종렬, 박미자, 손상철, 신춘희, 이영필, 임성화, 조경애(1인당 신작 10편, 총 80편)
작품 해설_ 단시조, 극서정시의 힘(홍성란, 시인)

제 8집 발간_ 동학사. 2012. 6. 9.
작품 발표_ 김병환, 김종렬, 박미자, 손상철, 신춘희, 이영필, 임성화, 조경애(1인당 신작 10편, 총 80편)
작품 해설_ 일곱 색깔 무지개, 그 감정의 빛나는 화음(오승철, 시인)

제 9집 발간_ 동학사. 2013. 6. 15.

작품 발표_ 김병환, 김종렬, 박미자, 손상철, 신춘희, 이영필, 임성화, 조경애(1인당 신작 10편, 총 80편)

작품 해설_ 일곱 빛깔 음역이 그린 풍경(정해송, 시인)

제 10집 《時調에 다시 묻다》 발간_ 동학사. 2014. 6. 28.

작품 발표_ 김병환, 김종렬, 박미자, 손상철, 신춘희, 이영필, 조경애(1인당 신작 10편, 총 70편)

작품 해설_ 10년, 소담스레 열어 놓은 서정의 지평(이우걸, 시인)

제 11집 《마침내 자유가 되어》 발간_ 동학사. 2015. 6. 25.

작품 발표_ 김병환, 김종렬, 박미자, 손상철, 신춘희, 이영필(1인당 신작 10편, 총 60편)

시작 노트_ 김병환, 김종렬, 박미자, 손상철, 신춘희, 이영필

제 12집 《여섯 사람의 낯설고 다른 노래》 발간_ 동학사. 2016. 6. 25.

작품 발표_ 김병환, 김종렬, 김종연, 박미자, 손상철, 신춘희(1인당 신작 10편, 총 60편)

작품 해설_ 실존과 초월의 내면 풍경들(박권숙, 시인)

제 13집 《울산 시조의 최전선》 발간_ 동학사. 2017. 6. 15.

작품 발표_ 신춘희, 손상철, 김종렬, 김병환, 박미자, 김종연(1인당 신작시조 5편, 자선시조 10편, 총 90편). 1인당 자선시조 10편은 1 ~ 12집에서 선정.

작품 해설_ 신작시조 30편(이승은, 시조시인), 자선시조 60편(황치복, 문학평론가).

울산 시조의 최전선

지은이 | 운문시대
펴낸이 | 유재영
펴낸곳 | 주식회사 동학사

1판 1쇄 · 2017년 6월 15일
출판등록 · 1987년 11월 27일 제10-149

주소 · 04083 서울 마포구 토정로 53 (합정동)
전화 · 324-6130, 324-6131 | 팩스 · 324-6135
E-메일 | dhsbook@hanmail.net
홈페이지 | www.donghaksa.co.kr
www.green-home.co.kr

ISBN 978-89-7190-591-3 03810

※ 이 책은 울산광역시 보조금을 받아 발간하였습니다.